Stefano Giacomo Iavazzo

AVVISI

PER

NAVIGANTI

Istruzione e altri modi di impiego
in mare mosso, molto mosso

La scarsa considerazione che la nostra classe politica
e in particolare quella più recente riserva all'istruzione,
all'università e alla ricerca è la conseguenza del basso
livello culturale della gran maggioranza degli eletti in
Parlamento.

(Margherita Hack)

Considerazioni sul lavoro, nel pubblico impiego e in particolare
nella scuola, alla luce del moltiplicatore K della teoria
keynesiana, da parte di un appena pensionato, già operatore
scolastico, navigato per tutti i profili del personale ATA

Con cognizione di causa, si denuncia carenze strutturali,
didattiche e, finanche, affettive, dal momento in cui viene
interpretato molto fedelmente il modello parcheggio, dal modo in
cui non si evita di concentrare in spazi limitati tutte le attività
didattiche, conosciute aule pollaio.

I progetti, nelle varie versioni, sembrano non lasciar più tempo
a metodi incisivi, quasi da certosini, da parte dell'insegnante che
vuole essere "agevolato" e "agevola" con schede precompilate o
domande a risposte chiuse.

La scuola, negli ultimi tempi, sembra rappresentare più uno
strumento di una politica occupazionale che rispettare il suo
impegno naturale di istruire e formare i giovani alla
consapevolezza dei diritti e doveri del cittadino, come collante
che tiene insieme i vari componenti di una comunità civile.

Bisogna che insegni ai giovani il rispetto di tutto ciò che non sia
sé stessi, trovando un punto di identificazione collettiva come
base dell'unità e della solidarietà, nel segno di una convivenza
pacifica.

Deve imporsi, per questo, con i principi di uguaglianza, che è a
fondamenta di un governo democratico, senza prevaricazioni e
senza discriminazioni.

Deve formare il cittadino a come possa migliorare la società e
non a modellarlo come questa stessa vorrebbe, dando tutti gli
strumenti di un sapere acquisito nella sua storia, come memoria

della sua cultura, cercando di inculcare quel senso di responsabilità da praticare come abitudine.

L'insegnamento, come afferma Daniel Pennac, deve consistere che ad ogni ora la campanella deve aprire a nuovi orizzonti.

> " Mio padre non voleva né farsi comandare …"
> (In Memoria del padre – S.G.Iavazzo)

Potrebbe iniziare così, forse, il resoconto su tutta una attività lavorativa, giunta ora al termine per compimento di età, non per meriti o per riscatti di qualche genere, quelli che affrancano da un legame di debito, morale o pecuniario, oppure che infondono valori di orgoglio e di forza d'animo.

Niente. E niente può rappresentare, nella vita di ciascuno di noi, un lavoro che non pervade, non appassiona, non occupa un posto preminente nell'immaginario collettivo, come nei bambini, proiettati più verso l'utilità e la generosità, che il candore degli anni fa confluire tutto nell'eroismo.

Il 99% degli intervistati, bambini s'intende, indicherebbe tra i loro preferiti i mestieri che sono associati ad una divisa. Forse perché danno, le divise sempre s'intende, la specificità, un carattere istituzionale che può incutere protezione e soggezione, insieme ad una forte carica di autorità.

Anche la figura dei vecchi netturbini, senza valore di pregiudizio, potrebbe godere di una tale attrattiva, considerando che avevano in dotazione un berretto con visiera lucida e divisa con spalline.

Tra i mestieri vagheggiati potrebbe essere indicato anche quello che si esercita con la carica politica di Sindaco, non per altro, per la fascia tricolore che indossa nelle manifestazioni ufficiali e che lo contraddistingue tra le altre come figura autorevole.

Ma per i cuccioli, il concetto di lavoro è ancora fuori di ogni comprendonio, per tentare di esprimere già una qualche associazione di buono e di conveniente come, del resto, anche del suo contrario.

Il termine lavorare non è contemplato ancora nel glossario di quel primo saper leggere e scrivere, che poi delineerà le aspirazioni, seppure saranno quelle più a portata di mano, più vicine quindi, o se sfumano lontano, mentre si traccia il solco della strada.

Il lemma lavorare, oltretutto, è pregiudicato dal fatto che nella forma dell'imperativo si presenta anche più detestabile, rispetto agli atri verbi, esprimendo tutta la carica emotiva di una costrizione a cui mai si vorrebbe sottostare.
Anche se incita a fare un'azione molto piacevole, l'imperativo risulta oltremodo sgradevole per quegli spiriti cosiddetti liberi, tanto che suscita una reazione di malavoglia, di improvvisa e ostinata pigrizia.

Bevi, mangia, ama, dormi, sogna, ridi, gioca, sono termini che con l'imperativo assumono un tono stucchevole, di cui si farebbe, per la verità, persino volentieri a meno.

Ma la vita di comunità è come la grammatica, formata da parte variabile e invariabile del discorso, dove il verbo, in questo caso lavorare, costituisce l'elemento più importante della frase, il fulcro attorno al quale si organizzano tutti gli altri periodi, principali e secondari.

Un insieme di parole, perciò, è come un insieme di persone, che sembra non aver alcun senso compiuto senza quel verbo, lavorare, che indica la posizione esatta, nel momento in cui si viene al mondo, in quale contesto si debba relazionare.

Ora, se proprio non se ne può fare a meno, del verbo s'intende come di lavorare, si deve pretendere almeno che sia nei modi di cortesia che sono propri del congiuntivo o, tutt'al più, di un ipotetico condizionale, lasciando aperto un ampio margine di possibilità a questa priorità che sembra della condizione umana.

Sia pure all'infinito, tuttavia, il verbo come lavorare, con altri verbi che esprimono un impegno gravoso oppure una fatica, porta a prospettare nulla di immediatamente risolutivo.

Questo permette di comprendere che sono impliciti tutti i modi e i tempi per poter continuare a farlo, dove su tutti aleggia, minaccioso e crudele, lo spettro dell'imperativo, con la sensazione che, in qualunque modo e quando verrà il suo tempo, la condizione risulterà più che costrittiva, riducendo come schiavi in catene o servi della gleba.

In tal senso, ancora agghiaccia il racconto del mito di Atlante, il gigante che è costretto a portare sulle spalle, vita natural durante, la volta celeste.
E' facile ricordarlo tutto piegato, per il peso, sulle ginocchia e, quindi, nemmeno in una posizione molto comoda. Ma anche se fosse riuscito ad ingannare Eracle, facendogli prendere il suo posto, gli avrebbero dato, nel suo destino, sempre qualcos'altro da reggere.

Infatti, le punizioni degli dei sono sempre state all'ordine del giorno e, per questo, anche per avere la certezza della pena destinata ad Atlante, gli è stata attribuita la prima vertebra della colonna vertebrale, che è poi quella che regge tutto il cranio.

Altri precedenti nella storia e nel mito, in fatti di punizione e di ritorsioni, in segno di sentimenti umani, che vengono proiettati negli dèi, non mancano di certo e se ne possono ricordare a iosa. Vanno ricordate, ad esempio, le dodici fatiche di Eracle, inflittegli perché figlio di Zeus e di Alcmena, bellissima moglie di Anfitrione, incrociando perciò la vendetta doppia di un marito cornuto e di Era, moglie di Zeus, molto gelosa e vendicativa, soprattutto nei confronti del marito, che così spesso la tradiva.

Anche Sisifo è un mito che rappresenta la costrizione umana, che si rivolta, in un modo o nell'altro, nella polvere, mentre soffoca dalla fatica.
Come punizione per la sua furbizia, in odore di sfida verso gli dèi, che perciò sono messi in difficoltà, Zeus stabilisce che Sisifo è condannato a spingere un masso dalla base alla cima di un monte. Ogni volta, però, che Sisifo ed il masso raggiungono la cima, il masso rotola nuovamente alla base del monte.
E questo ogni volta, per l'eternità.

Si può facilmente intuire che un lavoro di siffatto genere non è molto stimolante, spingendo a considerare, con Camus, l'assurdità della vita umana, impegnata così a portare su e giù una pietra, senza scorgere alcun senso compiuto.

Una simile interpretazione della esistenza, così irrazionale ed estranea ad ogni altro nobile scopo, porterebbe solo al suicidio. Ma Camus, giustamente, risolve con la rassegnazione, per la qual cosa Sisifo riesce ad essere persino felice, in quanto può sfogarsi, in questo modo, con tutta la rabbia contro il destino, perché riconosce alla vita proprio questo principale e unico scopo effettivo.

Il mito di Sisifo, peraltro, ha tanto pervaso il tema della fatica che ha dato il nome ad uno studio, detta condizione Sisifousa, che capita quando i lavoratori rendono molto meno se non riescono a comprendere l'utilità ed il prodotto finito del loro lavoro.

Ora, con questo non si vuole affatto affermare che gli schiavi dell'antico Egitto sarebbero stati più sereni, accettando di buon grado il loro destino, di sofferenza e di morte, se avessero conosciuto, a lavoro compiuto, l'imponenza delle Piramidi che, con il loro tragico sacrificio, arrivavano a sfidare il cielo.

C'è di fatto che se c'è una giusta causa è ugualmente penoso accettare anche il licenziamento in tronco.

> " Il lavoro nobilita l'uomo"
> "Arbeit macht frei "
> (Campi di sterminio tedeschi)

Non fatevi ingannare troppo facilmente da una siffatta dabbenaggine .

La stessa scritta "Arbeit macht frei " è servita da insegna, subdola, all'ingresso di moltissimi lager nazisti, portando a considerare che solo i forni crematori rendevano tristemente liberi nel vento, in cenere ed in fumo.

 In un tale contesto, perciò, suona a dileggio, di un cinismo molto crudele.

La stessa frase viene generalizzata, tutto sommato, ai giorni nostri, prestandosi a diverse e variegate interpretazioni.

A metà ottocento, è stata originata, sembra proprio da Hegel, come strumento di realizzazione e di libertà dell'uomo, in contrapposizione a quanti praticavano occupazioni che venivano rese a titolo quasi gratuito, finendo per rendere più ricchi quelli che già lo erano, mentre condannavano loro stessi al concetto di servitù.

Questi, infatti, erano considerati alla stregua di animali domestici, che venivano mantenuti in vita solo per un proprio utile, che quasi sempre risultava anche più morboso per quel loro volontario adattamento agli affetti e alla vita familiare, proponendosi, praticamente, per l'adozione di sé stessi.

Entrare a far parte di una famiglia, d'altra parte, continuando a restare sempre sull'uscio di casa, non deve sembrare molto esaltante.

Quantunque venisse riconosciuto un ruolo trainante nella sua economia domestica, il padrone conservava per sé il diritto alla proprietà, sulla famiglia e su ogni cosa o animale, che ne facesse parte, anche e per di più adottato.

Lo stesso succede a Smerdjakov, il figlio illegittimo di Fëdor

Pavlovic Karamazov, costretto a vivere nella casa del padre in qualità di servo, sia del padre che dei propri fratelli.

Non sorprende la sua personalità contorta, naturalmente, per una irrazionalità del suo comportamento e per il caos di certe sue pretese, che ogni volta vengono fuori d'istinto ma che, però, non sanno farsi valere.

Ma non vi è alcun dubbio che il lavoro rende liberi, alla base com'è di ogni emancipazione individuale, economica e sociale.

Emanciparsi è anche l'affrancamento da certi limiti, convenzioni sociali e obblighi anche morali, per la qual cosa, in certe classi agiate, anche le più deplorevoli trasgressioni, se non vengono condonate, godono di massimo plauso e vengono tollerate e rese nella normalità.

L'infedeltà coniugale di Anna Karenina, ad esempio, pur associata ad una certa emancipazione femminile, non sarebbe stata concepibile in un contesto che non fosse così prettamente aristocratico.

Persino Antigone avrebbe potuto ben poco contro il decreto del nuovo re di Tebe, Creonte, se non fosse stata la figlia di Edipo, già re di Tebe. Fu risoluta, infatti, ad andare contro una legge ingiusta, che vietava la sepoltura a tutti quelli considerati nemici, tra cui Polinice, suo fratello, che era morto assediando la città di Tebe.

Tante eroine della storia e della letteratura non potrebbero consumarsi di passione, non avrebbero neppure il tempo o la capacità di organizzarsi in tal senso, anche e soprattutto le più intense ed estreme, se non avessero avuto l'agio ed il tempo materiale per assimilarle e, tanto più, per metterle in atto.

I diritti di parità più impensabili ma sacrosanti, come il suffragio universale o il divorzio, sono stati avanzati da donne che già ne godevano o avrebbero potuto godere, in situazione di fatto.

Persino certe stravaganze più banali, come fumare o portare i pantaloni, sono state iniziate da donne che appartenevano ad una certa condizione, sociale ed economica, della cosiddetta "alta società ".

Secondo la concezione medioevale, al contrario, il lavoro è un limite alla libertà individuale. Diventa chiaro, in quest'ottica, che donne siffatte, proprio perché disimpegnate a procurarsi vitto e alloggio quotidiano, siano più disinvolte nel negozio sociale, senza paura di poter essere ricattate, costrette a subire la morale degli altri e perciò soggette a condanne sommarie e alla gogna.

Tattiche di sopraffazione e di emarginazione, queste, che riducono sempre al bisogno e alla fame.

Nell'età moderna, pur invertendo l'assioma che mette il lavoro alla base della libertà individuale, si cambia l'ordine dei fattori ma il prodotto, lo stesso, non cambia.

Si parte dal concetto che ogni essere umano è proprietario di sé stesso e la possibilità di ricavare da questo ricchi guadagni determina il suo margine di libertà.

Questo lo sanno pur bene le cortigiane, amanti di re e di papi, o giù di lì. che nella loro posizione della scala sociale, conquistata con un mestiere ai margini della morale, religiosa o civile, non hanno più nulla da temere.

Loro sanno anche fin molto bene che non potranno mai essere additate a volgari puttane.

Il lavoro rende liberi fin quando è posto a fondamento per aumentare la proprietà di sé stessi, tanto che si può essere certi che un ladro di grosso calibro, per quanto sia criminale la sua condotta, non pagherà mai un solo giorno di pena.

Anzi, sarà invidiato per essere riuscito là dove tutti gli altri non hanno coraggio neppure di tentare. Merita, pertanto, di essere preso a modello di successo, tanto da guadagnarsi gli scanni più alti del Governo, come si potesse star tranquilli sulla sua onestà perché sazio di rubare.

Ma proprio i politici che non lavorano, per condizione e per aspirazione, non potrebbero giustificare quello che è a fondamento della proprietà di sé stessi.

Tuttavia, lo stesso principio di libertà e di nobiltà, che sono goduti dalle cortigiane e dai profittatori, è a base della proprietà, sì, ma degli altri, in un gioco di inganni e di deleghe che inducono gli elettori ad alienare a loro favore tutto il bene che hanno di sé stessi.

E' la stessa alienazione che patiscono i lavoratori, nei riguardi dei mezzi di produzione, nel momento in cui sono costretti a cedere la proprietà di sé stessi, la forza lavoro, ad un padrone che sfrutta e si arricchisce, accrescendo sempre più la proprietà che ha lui di sé stesso, in libertà e in potere economico e sociale.

Al povero proletariato non resta, quindi, che l'appellativo di proprietario di sé stesso, mentre segue il suo destino come un castigo che gli si rivela già nel nomignolo di proletario, come possessore solo di prole, tutte proprietà, a sua volta, che saranno alienate da capitani d'industria e capitani di fanti.

> Un uomo che si vergogna del proprio
> lavoro non può avere rispetto per sé stesso.
> (Bertrand Russell)

Sarebbe da aggiungere, anche chi non riesce a provare vergogna non può avere rispetto per sé stesso,

Allo scopo di vitare una qualsivoglia umiliazione, è imperativo essenziale che alla base del lavoro ci sia la dignità.

La rispettabilità è quella che dà un riconoscimento sociale di grande utilità per qualsiasi cosa uno si dia da fare.

Soprattutto, il lavoro deve configurarsi perché sia lontano da una umiliante sottomissione che fa scaturire una schiavitù senza riscatto ed un avvilimento senza speranza.

E qui fa al caso il personaggio di Andrea Girella, il papà di Peppino, che viene soppiantato dal figlio nel ruolo di capofamiglia perché, facendo il garzone in un bar ed industriandosi nell'attività di piccolo contrabbando, ci crediate o no, è lui che porta i soldi in casa.

Tutti i riguardi, anche il più semplice, sono per lui.

A tavola, occupa il posto di considerazione, da lui dipende la scelta del menù della giornata, la gestione dell'economia familiare.

Quindi, è così osannato e riverito, che da bambino di dodici anni assurge agli onori e a tutti i carismi di un giovane della maggiore età, prospettando, anche scherzando ma mica tanto, che una infatuazione, tradotta in innamoramento, lo porti, addirittura, già ad un passo dal fidanzamento con la bella Loredana.

Non si parla d'altroche di lui, tanto è che di fatto, infine, diventa il protagonista di tutta l'opera " Peppino Girella " di Eduardo De Filippo e di Isabella Quarantotti.

Il povero padre è avvilito nella sua resistenza quotidiana, in continuo affanno a riprendere il suo ruolo naturale, per non sentirsi ferito dalla pietà che mostra l'ambito familiare, espressa in solidarietà bonaria, e anche per non avvertire di essere ulteriormente infamato, dentro il contesto sociale, come sfruttatore e parassita, che campa "agiato" sulle spalle della moglie e, soprattutto, del figlio.

E' amara la considerazione quando confessa che il figlio ha preso il suo posto di capofamiglia, sottolineando che sua moglie non aspetta Peppino come suo figlio, ma come suo marito, capofamiglia.

Il destino si accanisce, dandosi man forte, con l'occasione a portata di mano, che invece di riscattarlo lo porta a tradire la sua onestà, fino ad allora illibata, quando in un momento di forte ubriachezza di Matteo, amico di lunga data, gli sfila e s'appropria di una lettera di raccomandazione, come guardiano, con l'intento di prendere lui il posto promesso all'altro.

Una volta scoperto, è costretto a subire il più denigrante dei giudizi sulla sua persona di uomo, in casa propria e proprio durante i preparativi per i festeggiamenti dati in occasione di quel nuovo lavoro, così malamente smascherato e fugato.

Con ogni mezzo, è vero, sarebbe disposto anche a far carte false, per trovare un lavoro. Disposto, quante volte, anche a rubare, confessa quando è accusato dal cognato di avergli sottratto seicentomila lire, assieme a quegli altri due disperati dei suoi amici. L'aveva pensato, era stato tentato, sì, ma l'onestà gliela aveva proibito come svegliandolo da un incubo.

" E' cosa 'e nient' ", la moglie ripete continuamente. Sembra un epitaffio riferito alla sua dignità di uomo. Ed anche nel tentativo sicuro di minimizzare l'accaduto, può denotare che quanto sia accaduto, nonostante tanto grave, non può pregiudicare ulteriormente la sua posizione, già tanto compromessa come per chi ha toccato oramai il fondo.
Come a dire che zero più zero non si assomma in un bel niente ma porta sempre e disperatamente a zero.

Tanti bambini di quel tempo, ad ogni modo, quando la pratica dello sfruttamento del lavoro minorile era all'ordine del giorno, vivevano la medesima situazione di disagio e di povertà.

Quindi, non può sembrare strampalato che molti si siano immedesimati nel personaggio di Peppino Girella, che nel loro immaginario poteva rappresentare l'eroe che aggiusta i torti che subiscono i più deboli e più esposti.

Specie, senza voler guastare il finale, se è ancora lui, Peppino Girella, infine, che riesce a trovare, nientemeno, un lavoro al padre, come nell'aspirazione di tutti, un posto fisso e rispettabile.

La storia di Peppino Girella, che è presa, poi, dal racconto de " Lo schiaffo", di Isabella Quarantotti, descrive un mondo di umiliati, di quelli che si collocano all'ultimo posto della scala sociale.

Gli intoccabili, come sono definiti i Paria, nel sistema sociale e religioso induista, nel senso più negativo, alla pari di un contagio, in quanto vanno oltre ogni schema di classificazione di ordine, basato sulla rispettabilità, capace di meritare la purezza dell'anima.

Fino all'altro ieri, senza dubbio, Andrea Girella sarebbe stato un esodato, inteso come un disoccupato di una certa età che non può trovare un nuovo lavoro, perché troppo vecchio, e non può andare in pensione, perché troppo giovane.
Oggi, invece, sarebbe tra coloro che si possono definire, " Invisibili".

E' questa massa di individui che viene relegata al di là di ogni linea di separazione, sia essa filo spinato o muri di cemento armato, così, proprio per tenere le opportune distanze di sicurezza, per come è prevedibile che possano andare di testa, presi dalla rabbia, quella stessa scontata perché è umana, capace di turbare, soltanto alla vista, la serenità di quelli che hanno il godimento anche per quella loro parte mancante.

Impercettibili, resi inoffensivi, lontani o poco a vista, per soffocare la pietà, quel minimo che resiste, perché circola ancora come moneta corrente nelle religioni che credono nell'al di là.

La Finanza, con la effe maiuscola, è innegabile, si è impossessata di tutti i settori dell'economia e della morale, dichiarandosi avulsa da ogni religione che non sia il dio danaro.
Questo ha fatto sì che si ponessero nuove esegesi alla base del lavoro, che non ha più nulla di virtuoso e di nobile, nelle sue mire e speculazioni di finalità.

Ora vige, infatti, il lavoro del settore terziario, braccio lungo del ramo bancario e finanziario, imponendosi come essenziale per la vendita dei prodotti del settore primario e secondario.

Non può essere definito semplicisticamente intermediario quello che si pone, cioè, tra il produttore ed il consumatore di un determinato prodotto, proveniente dalla campagna o dall'industria o artigianato.
Il terziario e, finanche, il quaternario, sono professioni dell'ultima frontiera dell'economia.

I cicli produttivi, così tanto suscettibili ad una loro insufficienza o ad una loro abbondanza, della domanda e dell'offerta, sono regolarizzati, perciò, in un mercato che era sempre alquanto instabile e ballerino, con tutti quegli sbalzi di umore, tipici della depressione mortale.

Un mercato, invece, più ordinato, è anche più prevedibile e, perciò, più gestibile, evitando assai terribili sorprese, che con rialzi e ribassi possono mettere a rischio un risultato positivo, con grosse prospettive di perdite.

Basta con la produttività arcaica, quando tutto dipendeva dal corretto equilibrio, in natura, tra il bel tempo e le opportune piogge. Niente viene più dato alla casualità.

Perciò, l'economia, che se non si comprende è noiosa, è resa più vivace ed eclettica, con tante altre attività satellitari, per lo più intellettuali, integrative e di sostegno alle attività di estrazione di risorse naturali e quelle di manifattura.

Non riguarda più il vecchio venditore ambulante o il bottegaio sotto casa, che fa da semplice intermediario tra produttore e consumatore.
Anzi, il bravo commerciante non è più quello che riesce ad accontentare e a procurare merce per soddisfare un bisogno, per quanto strano sia, ma è quello che il bisogno lo crea, anche per quanto strano possa apparire.

Le tecniche di persuasione ed il bombardamento pubblicitario sono da lavaggio del cervello. Tutte le convinzioni e tutte le informazioni, che hanno resistito fino ad allora in coerenza con una propria idea, vengono messe a dura prova.

Solo coloro che sono in una posizione estrema, al riguardo, si mostrano irriducibili, quand'anche sia successo che molti di quanti pensavano di essere, politicamente, di sinistra hanno finito per credere in un "presidente operaio", l'uomo più ricco del Paese.

Queste tecniche da ipnosi, davvero, riuscirebbero a vendere una nave ai Beduini nel deserto.
Non c'è modo di argomentare, di confutare, di sottrarsi al loro richiamo, neppure prospettando che manca la cosa più essenziale per comprare. Cioè il danaro.

Per la verità, già nei primi vagiti del capitalismo moderno, con il boom economico degli anni 60', il consumo di massa è stato incentivato tramite l'uso della cambiale.
Il cosiddetto "pagherò" era una promessa di pagamento a rate, ad una certa data, su cui venivano applicati gli interessi passivi. Sono gli stessi che avrebbe adottato un istituto bancario, in caso di prestito, anche se quest'ultimo difficilmente poteva essere concesso.

Alla scadenza, se non veniva pagato, scattava il protesto, una ingiunzione di pagamento da parte di un notaio o di ufficiale giudiziario, provvedendo al pignoramento di un bene del valore della rata.

Se le rate, poi, si accumulavano fino a consistere la somma dell'intero bene corrispondente, si capisce che l'unica cosa che valeva la pena di pignorare si riduceva proprio allo stesso bene acquistato.

A questo, perciò, ha già provveduto la grande famiglia del terziario o di quello avanzato, meglio ancora del quaternario che offre il commercio, alberghi, i pubblici servizi, le comunicazioni, il credito, le assicurazioni, le consulenze ed i trasporti. Sempre tutto compreso.

Per il prestito di danaro, inoltre, che è poi il motore essenziale di ogni economia, si è pensato ad una formula, a dir poco, geniale, con la possibilità di consentire l'accesso al credito a chiunque ne faccia richiesta, al tasso di interesse corrente, senza procedimenti di ipoteche o strumenti di coercizione per assicurarsi la restituzione.

Non lo faranno, di sicuro, per la coccarda, che li distingua per essere i più buoni, ma certamente per mettere in pratica un loro principio, che vuole la massima circolazione del danaro in questione.

E, poi, è pur certo che le banche non ci rimettono mai, in quanto i soldi prestati sono dei risparmiatori che depositano i loro risparmi, manco a titolo di cortesia, pagando la tenuta in essere del loro conto corrente, con tanto di spese di gestione come se il denaro fosse locato in affitto.

Non c'è alcun rischio, perciò, da parte delle banche, nel caso di un cattivo pagatore, nel momento in cui le prime rate rappresentano in interessi gran parte del prestato. C'è la riserva del pignoramento e, in più, c'è l'assicurazione proprio su questo rischio, che è già e sempre a carico del debitore. Tale assicurazione, inoltre, garantisce il recupero del credito in base al premio pagato, rapportato alla somma data in prestito.

L'ignaro risparmiatore, ad ogni modo, non potrà mai lamentarsi, sapendo il suo gruzzoletto sempre lì al sicuro e disponibile in qualsiasi momento e per qualsiasi esigenza.

Solo in un caso, anche se è raro, potrebbe cogliere la banca in difetto, come è pure capitato, sarebbe quando tutti i risparmiatori di una banca, nello stesso momento, decidessero di chiudere il proprio conto aperto.
Allora sì, poveretti, sarebbe bancarotta.

Ma niente paura, per gli istituti di credito, perché anche così, come è capitato, alcune importanti banche, in bancarotta per grossi prestiti a persone altolocate, senza alcuna garanzia, hanno usufruito della copertura finanziaria da parte dello Stato, con decreti " Salva banche".

Anzi, è risaputo che lo stesso Stato favorisce il sistema bancario, obbligando il cittadino ad operare tramite questo istituto che prima era, volontariamente, di risparmio, con la possibilità di sentirsi gratificati tramite un premio, per quanto modesto e minimo, con il vecchio e caro interesse attivo.

Tutti, ad ogni modo, possono accedere ad un prestito, senza garanzie in cambio o busta paga, a meno che uno non sia dall'altra parte del reticolato, senza reddito e senza speranza, tra i cosiddetti "intoccabili" che hanno idee sempre malsane e pronti ad andare contro per il solo gusto di far del male alla società, perché nichilisti, terroristi, comunisti, anarchici o quant'altro, invasati di delitti contro l'umanità e, soprattutto, la proprietà privata.

E' innegabile che parlando di pensionamento, da cui si è partiti, si debba trattare di lavoro e, quindi, di economia, che è la linfa vitale di ogni società.
La sola cosa che ha sempre messo tutti d'accordo è che l'uomo sociale non può stare senza lavorare.

Risulterebbe un elemento strano, a sé stante, incomprensibile al linguaggio di tutti, sviluppando anche le idee più astruse, che non hanno né capo né coda. Mancherebbe di un comune denominatore, quello stesso codice che per cultura, acquisita negli anni, serve per decodificare i segni ed i suoni di una lingua parlata.

Chi è senza lavoro, come chi lo perde o smette per limiti di età, sembra che diventi, oltremodo, sempre pericoloso per gli altri, congetturando metodi e ritmi di lavoro che non avrebbero mai accettato per sé stessi..

Specialmente quelli che impiegano tutto il loro tempo, da perditempo, a improvvisarsi in tutti quei mestieri che avrebbero voluto fare, da dirigenti, ovviamente, capaci di controllare, anche senza delega, ogni attività a vista, avanzando pretese e persino suggerimenti, per come farebbero loro al posto di quegli altri che sono là, addetti a farlo.

Sono così tutti quei pensionati che vengono calamitati da un qualsiasi lavoro in corso, pubblico o privato, mettendosi di impegno e dandosi persino appuntamento per mostrare il loro zelo, puntuali ed efficienti come non mai sul cantiere adottato.

Riescono ad essere sempre presenti e persino in anticipo

rispetto all'orario, non vengono mai meno ad un appuntamento e non marcano mai un giorno di malattia.

Manco se fossero loro i datori di lavoro, i padroni, arrogandosi il diritto di gestire le risorse alienate di quei poveri lavoratori.

Ma si completano attribuendosi, con acceso antagonismo, i ruoli e le competenze, quelli che sono proprio delle maestranze, dando i tempi di esecuzione, i diritti di pausa, i metodi di lavorazione ecc.ecc..

Se volessero, finirebbero per mettersi a sindacare, sul sistema di lavoro di un formicaio, che pur sembra perfetto, fino a determinare le leggi ideali sulle condizioni e le convenzioni tra la regina, i maschi e le operaie.

Tra mille azzardi, ci potremmo ritrovare, infine, irretiti in una loro idea su quell'ordine naturale, infallibile ed inviolabile, da prendere alla lettera ed applicarlo a tutte le attività umane.

Tranne, si intende, che per il triste destino che colpisce il maschio.

Quel ruolo, nel modo per come s'accompagna, nessuno sarebbe più disposto ad accettarlo, sapendo la nota e triste fine che lo aspetta.

Ma la condizione delle operaie non è tra le più invidiabili, così come sono sempre impegnate e fino allo stremo delle forze.

Forse, senza neppure forse, non hanno il tempo di rinfrancarsi, di rigenerarsi, quello dato dal momento di mangiare e dormire.

Seppure sia dato loro provare il piacere di soddisfare questi bisogni elementari, se pure possano essere nello stato di sognare, anche per un momento, la libertà.

E anche questo, potrebbe tornare a vantaggio dell'idea bislacca di piccoli sapientoni, adducendo che occhio che non vede, si sa, cuore che non desidera.

Tutto questo è per ribadire costantemente che il lavoro è essenziale all'uomo, perché non cada facile preda dell'ozio, inteso, fin dai tempi antichi così da Marcio Porcio Catone, come "otium", padre dei vizi.

In verità, questa costumanza, quella di contrapporre il dolce far niente a qualcosa assolutamente da fare, risale ai tempi dei Greci, al loro periodo più fiorente.
Ma essi ritenevano l'ozio come prerogativa dell'uomo libero, dedito alla cura del corpo e dello spirito. Il lavoro, invece, perché non lasciava molto tempo alla cura di sé stessi, non godeva di buona considerazione e veniva lasciato, in disprezzo, agli schiavi e alle classi meno abbienti.

In effetti, i greci identificavano l'ozio con il termine "scholè", nel significato proprio di tempo libero, con la libertà di dedicarsi allo studio e ad attività culturali, politiche e ludiche.

Per i Romani, l'ozio significava un periodo libero da ogni impegno di guerra o di affare, vero e proprio, indicato con il termine " negotium", dato dalla negazione nec e otium, così da poter dedicarsi allo studio e alle faccende personali e della propria casa.

Con l'idea illuminata, che vuole l'ozio non più privilegio aristocratico, poiché si è elevato il lavoro ad un più alto grado sociale, ecco che le due condizioni si trovano coincise in una sola persona.
Per la parte di schiavo, perciò, l'uomo gode della possibilità di rinfrancarsi nel corpo, mentre per quella dello spirito libero deve rassegnarsi e concentrarsi sulle attività produttive, che procurano da vivere.

Oggi ciò che più li accomuna è la condizione di consumatore, per la qual cosa è trascinato nel vortice del sistema economico, che gira su sé stesso come il cane che cerca di mordersi la coda.

Lo stato di consumatore, quindi, è il risultato di tutti i progressi dell'uomo, nella sua lotta per la conquista della libertà, per vedersi riconosciuti alcuni diritti civili.

Il passaggio da schiavo a servo della gleba, a proletario e, quindi, a consumatore, è stato dettato da una contingenza economica, risultante di un elevato livello di produzione ed una necessità di liberarsi di ingombranti scorte di prodotti invenduti.

Per essere un consumatore bisogna, però, che abbia un potere d'acquisto, moneta in contante o in promessa di pagamento. Un lavoro, quindi, che dia un reddito, anche minimo, con la possibilità di saldare, anche a rate, il debito.

Si può, allora, ben comprendere come ad uno schiavo fosse preclusa questa opportunità.
Gli industriali del Nord, degli Stati Uniti d'America, perciò, sembrano di aver patito la schiavitù, loro sì, più di qualunque altro, sapendo che, nell'estremo Sud, una marea di persone era in catene e per di più senza reddito da lavoro.

Quindi, un grosso ostacolo alla libertà, è vero, come ad ogni loro possibilità di vendite, in un più sconfinato mercato.
Non ci fu nulla altro da fare che scatenare una guerra civile, che fu chiamata "Guerra di Secessione".

Questa, infine, risultò come le guerre di Indipendenza in altre parti del mondo, dove si è creduto di cambiar tutto ma solo per far passare la mano di chi governa, dettando i sistemi di produzione e l'economia da instaurare.

Messo così, anche un servo della gleba sarebbe stato nella medesima condizione di schiavo e di povertà, ritrovandosi senza nemmeno un centesimo di moneta per il suo potere di acquisto.

Pure un proletario del capitalismo arcaico non avrebbe avuto molte chance in tal senso. Con un salario da fame, a parte, non avrebbe avuto il tempo materiale e necessario neppure per guardarsi intorno, anche solo per rendersi conto se fosse giorno o ancora notte, come quando era uscito, se la giornata lavorativa consisteva di quindici ore e più.

Un bisogno era tutt'al più da scongiurare come un incubo che ti toglie il sonno.

In virtù di tutta questa considerazione, forse, i governanti si sono persuasi di ridurre l'orario giornaliero di lavoro a dodici ore, poi a dieci e quindi a otto.

Solo per meri calcoli, perciò, si è introdotta la settimana corta e tante festività civili e religiose, Natale, Pasqua ed Epifania, le ferie di Ferragosto e la solennità della domenica, come giorno da dedicare al Signore.

Questo contorto ingranaggio dissimula più di mille preoccupazioni, riguardanti soprattutto come conciliare il lavoro con il tempo libero, la veste di libero pensatore con i panni del lavoratore, così vicendevoli come il giorno e la notte.

Ad ogni modo, neppure conviene ritenere banditesco chi, per sua fortuna o per sua sfortuna, non rientra più nei canoni di un sistema produttivo.

Sono questi tutti coloro che, per circostanze avverse o per scelta, si tengono da parte perché votati completamente o ad essere servi o sostenitori del pensiero libero, poco portati, perciò, per forza di cose al consumismo che li porterebbe ad essere inscindibili.

Questi sono gli stessi che rischiano tutti, in un modo o in un altro, di rappresentare un pericolo per l'ordine costituito, nell'era di supremazia consumistica.

Lo stesso che, durante la prima guerra mondiale, portava ad essere identificati come sabotatori o disfattisti, passibili di essere passati immediatamente per le armi.

I reati d'opinione non sono mai consentiti durante grossi conflitti, specie di interessi, che sono sempre all'ordine del giorno, soprattutto in tempi di capitalismo post moderno, dove il mercato è molto suscettibile alle prime sensazioni e va giù di borsa con gran lena e disperazione.

Fermo restando che certe tecniche sono ancora nella tradizione, capaci di tenere una informazione compatta ed indifferenziata, buone a dare solo notizie da propaganda.

La tecnica migliore è quella di individuare un nemico comune e di far quadrato intorno, come i fortini dei romani, per fare fronte unico con l'intento di annientarlo, che è molto meglio che disarmarlo, fino a poter essere sicuri che sia inoffensivo e incapace di provocare altri danni.

In tutto questo, i cosiddetti servi, dediti solo al lavoro, anche se possono risultare meno cooperanti e improduttivi, ai fini del profitto, che è il fine ultimo del sistema consumistico, hanno il merito di permettere a qualcun altro di avere a disposizione tanto più tempo libero, per pensare e organizzare consumi e progetti per il futuro anche per loro.

Per tutelare, come suggerisce una canzone napoletana, la persona di sé medesima di chi è oramai dall'altra parte della corrente di navigazione, si potrebbe evidenziare che sono consumatori e, allo stesso tempo, liberi pensatori, anche troppo e già di proprio, pure coloro che non sono più redditizi per limiti d'età.

E se qualche volta non rispettano per loro stessi l'ordine di scuderia, del pensiero corrente, dettato dal martellamento mediatico, cedono spesso per debolezza di affetto verso i figli dei figli dei propri o di qualcun altro.

E poiché hanno alle spalle, oltretutto, un'esperienza produttiva, essi risultano anche più insidiosi, in quanto conoscono il settore di provenienza e sono nella possibilità di svelare segreti sconvenienti, per essere testimoni diretti, che hanno patito sulla propria pelle.

Ma, soprattutto, sono temibili quando, invece che osservare e criticare i lavori degli altri, all'incrocio di qualche strada si improvvisano in conclave, in qualche circolo o in qualche bar, sorpresi a emanare leggi più severe di quelle vigenti o a

improvvisarsi luminari della medicina con diagnosi più radicali o
a cimentarsi .in qualità di C.T della nazionale di calcio.

Scegli di fare un lavoro che ami e non
lavorerai neppure un giorno nella tua vita.

(Confucio)

Giù il cappello, bisognerebbe intimare ora, senza altri
preamboli.

E tante levate di cappelli si dovrebbero scorgere in una marea di
folla, in tanti anni, in rappresentanza dell'impiego pubblico che,
inutile negarlo, è stato reso possibile grazie alla teoria
dell'economista Keynes.

Il moltiplicatore " K " , riassunto dalla teoria keynesiana, ha
prospettato la prima immediata soluzione all'occupazione.

Lo Stato, come datore di lavoro, assumendo personale nelle sue
pubbliche amministrazioni, avrebbe creato un effetto domino
nell'intera economia, in quanto il potere d'acquisto di questi
stipendiati avrebbe innescato reazioni a catena in tutti gli altri
settori dell'economia, sia pubblica che privata.

Il moltiplicatore K, praticamente, ipotizzava che il Governo,
investendo un soldo, di più non si rischiava, questo gli sarebbe
ritornato moltiplicato, tramite tasse, imposte e tributi di tanti
lavoratori, che venivano occupati in tante altre imprese, con
tasse, imposte e tributi applicati sui prodotti che divenivano
consumi, con altre tasse, imposte e tributi. E così via, quasi ad
libitum.

Questo, praticamente, capita già con l'ultima ricostruzione
postbellica, appena a ridosso della guerra del secondo conflitto
mondiale, facendo derivare il boom economico, in Italia, degli
anni '50 e '60.

I soldi, che l'America, praticamente, ha elargito con generosità,
per la ricostruzione del Paese, sono serviti proprio a questo
scopo, cioè a dare robustezza ed efficacia ai consumi, attraverso
vari incentivi finanziari, rassicurando i creditori anche con un
minimo di copertura del debito che venisse contratto, da più

parti, con cambiali e pagherò.

Lo sviluppo economico, allora, ha visto una fioritura senza precedenti. Ha permesso di allargare il mondo del lavoro di tutti i settori, primari, secondari e terziari, nell'edilizia come nell'industria automobilistica, nella manifatturiera e nella produzione di elettrodomestici, coinvolgendo tutti i derivati che servono all'approvvigionamento delle materie prime e dei servizi necessari al prodotto finito.
E poi, si sa, per rendere al meglio bisogna nutrirsi, anche bene.

A dismisura, si ebbe la crescita del mercato dell'industria alimentare con l'apertura dei primi supermercati, come dei grandi magazzini, forniti di una vasta varietà di prodotti, dove con un solo giro si poteva completare la spesa per far fronte ad ogni appetito, ad ogni esigenza, più volte al giorno, per una settimana intera, se non, addirittura, per un mese.

L'ottimismo era talmente alle stelle che ogni piccola bottega si consentiva di dar fiducia e di concedere credito, anche senza garanzie e senza cambiali, tenendo semplicemente un conto aperto sulla parola, segnando sopra un semplice bloc-notes o su un quaderno a quadretti, dalla copertina nera.

Ma tanta buona roba, mandata dal cielo, non poteva essere consumata tutta assieme, in una sola volta. Bisognava, perciò, pur conservarla nel migliore dei modi, se non si voleva perderla avariata e destinata ad un rifiuto, come un dono sgradito, con l'ombra del peccato e dell'immondizia.

Si fecero subito avanti le industrie americane, con quell'esperienza per la quale ci stanno sempre dieci anni avanti, con la produzione di frigoriferi e, un po', di lavatrici, piccoli elettrodomestici e altri vari apparecchi da cucina.

Il mercato o si compra o si conquista, e niente viene mai regalato, specie quando un bene può essere facilmente trattenuto per sé.

Seguirono ancora gli aiuti americani, legati al Piano Marshall, che si distinse in varie fasi, tra quella dedicata soprattutto all'importazione di generi alimentari, perciò di sostegno all'agricoltura, garanzia per non morir di fame, e quella attenta ai macchinari, per una maggiore modernizzazione industriale.

Fu coniato, per questo, il gioco di parole "dai maccheroni ai macchinari".

Un massiccio intervento dello Stato fu più che evidente un po' ovunque, nei settori dell'economia, ponendosi a supporto della produzione e a garanzia dell'ampia domanda di benessere, anche come rivendicazione di una giustizia sociale.

Ma il mercato nel sistema capitalistico è una brutta bestia, perché se più si espande più fa circolare moneta. E questo genera inflazione, un aumento ingiustificato dei prezzi che causa una diminuzione del potere d'acquisto e, quindi, del valore reale della moneta in corso. Un crollo dei consumi, insomma.

Il gioco al rialzo dei salari e dei prezzi determina il temuto spettro della crisi che scuote il già fragile equilibrio del mercato dello scambio, influendo sul potere d'acquisto e sulle vendite, sulla produzione e sull'occupazione.

Il momento favoloso delle esportazioni subisce un arresto, in considerazione del fatto che il suo punto forte fosse il basso costo del prodotto.

L'eccedenza della domanda e dell'offerta, in parole povere, getta tutti nella depressione, con la diminuzione dell'attività economica e, quindi, con l'aumento della disoccupazione.

Resta, ad ogni modo, ancora il debito da pagare agli Americani, che a garanzia dello stesso hanno preteso lo stanziamento sul territorio nazionale di loro basi militari e l'adesione incondizionata al Patto Atlantico, il trattato difensivo contro l'invasione da parte di Paesi stranieri, che non fossero loro stessi.

Il debito è rimasto, ad ogni modo, anche grosso, per tutti quegli investimenti che lo Stato aveva diretto ai settori industriali, ritenuti trainanti per l'economia nazionale, come le fonti energetiche e materie prime.

Tra questi spiccano quelli a partecipazione statale, come l'ENI (Ente Nazionale Idrocarburi) e l'IRI (Istituto per la Ricostruzione Industriale).

Ci potrebbe essere, inserita, anche la FIAT, industria automobili torinese, che di statale ha ben poco ma in quanto a favori e a partecipazione dello Stato ne basta e avanza.

Protezionismo doganale, agevolazioni fiscali, politica antisindacale sono solo quelle più sfacciatamente evidenti. Per non parlare della Cassa Integrazione accordata alla FIAT , nell'autunno caldo del 1980, per ben 23.000 suoi operai, creando un caso senza precedenti a cui darà seguito a tanti altri successivamente.

Il posto fisso, ad ogni modo, resiste nelle mire dell'immaginario popolare, come pure negli organici delle pubbliche amministrazioni, tanto più nelle società a partecipazione statale, inteso come uno straordinario mezzo di politica clientelare.

Il moltiplicatore K, come si vede, ha continuato ad essere l'unico valore fermo nella politica economica, così fluttuante, anche a scapito di un minimo di professionalità.

Questi grandi calderoni, impiantati quasi per produrre filtri magici al posto di una seria politica occupazionale, come quella agraria, riescono solo a far risultare un numero impressionante di braccia rubate all'agricoltura.

Ma la politica è sempre espressione della classe al potere del momento.

Le assunzioni ingrossate nei vari Ministeri ed Enti Locali, in base al fattore K, hanno rappresentato una lunga tavola imbandita, per un pasto, a dir poco, pantagruelico.

E poi, si sa, fino a quando il pallone non scoppia non sembra mai abbastanza gonfio.

Così gli organici, pur risultando oltre misura, non ci fu mai modo per svuotarli, tenendo fede all'idea che un impiego statale è, per legge di buone maniere, senza soluzione di continuità.

Figuriamoci, se così non fosse stato.

Creando un altro precedente in tal senso, anche in caso di giusta causa come potrebbe essere l'esubero del personale, farebbe perdere ogni credibilità alla politica clientelare, in generale, e molti voti al politico di turno, in particolare, il quale a sua volta si fa forte proprio di quel precedente consolidato, che rappresenta una sua fonte di interesse, su cui è certo che potrà contare.

E poi, per attuare un buon repulisti bisognerebbe riuscire a sapere solo da che parte incominciare.

Dagli ultimi arrivati, non se ne parli nemmeno, con il rischio che il politico in questione sia ancora in carica, con il pericolo di una sonora incazzatura, da brandire come una spada, con la sua mano ancora lunga e potente.

Iniziando dai più vecchi, c'è l'azzardo di disfarsi di un'esperienza acquisita, nel tempo, che anche i più svogliati o testardi possono vantare come patrimonio personale e professionale.

Il che significherebbe come buttare l'acqua sporca con tutto il bambino.

Il posto fisso è tenuto come un sacro fuoco, anche dalle amministrazioni pubbliche, capace ancora, se non di accrescere, di mantenere i consumi, sia pure minimi, dal momento in cui, per grazia ricevuta, non si può avere pure la pretesa che gli stipendi fossero equiparati al costo della vita, la compianta indennità di contingenza.

Stipendi da fame, perciò, ma gambe in spalla, sicuro di poter andare avanti.

E' per tale inconscia gratitudine, forse, che il settore pubblico si mostra più restio a fare proteste organizzate o ad aderire a iniziative sindacali, con manifestazioni di piazza e sciopero ad oltranza.

Soprattutto quando ci si può rendere conto che il peso della protesta non vale la decurtazione di una giornata di lavoro.

Solo la causa per un aumento salariale può costituire una buona ragione e scuotere dall'assopimento, ogni volta e per certo, questi arresi e indolenti alla vita politica del Paese, quasi si censurino da loro stessi per quel biasimo collettivo che li vuole un po' fannulloni e improduttivi.

Non sarebbe certo così, se avessero tutta la consapevolezza dell'impegno che mettono in quel lavoro cui sono chiamati a fare con onestà e con dedizione, anziché considerarsi quasi un corpo a parte, come di privilegiati, nella vita lavorativa e sociale.

Anzi, è riprovevole che coloro che sono addetti alle mansioni più semplici siano i più arroganti e sgradevoli, i meno indicati a rappresentare la pubblica amministrazione, posti allo sportello, in relazione con il pubblico, come e a voler stabilire la pace tra la gente e la burocrazia.

Ed è scandaloso che proprio questi inappropriati, mentre hanno consapevolezza dei propri limiti e della antipatia incorporata, si riparino dietro la legge che così tutela la loro indolenza, avendo cura di mostrare, a bella vista, un avviso che sono pubblici ufficiali e avvisando che, in quanto tali, non possono essere toccati né, tanto peggio, ripresi come meriterebbero, senza incorrere, per il malcapitato, in una sanzione penale di tre anni di carcere.

> L'ignorante non si riconosce
> dal lavoro che fa, ma da come lo fa.
> (Cesare Pavese)

La storia è nutritissima di esempi, senza essere mai sazia, con il rischio di capitare nell'ossimoro, in quanto proprio questo la tiene sempre più viva fino a scoppiare di salute.

Il lavoro, da memoria antica, ha sempre differenziato la società in classi, che ci piaccia o meno, includendo quella rivalità che reclama una più equa distribuzione delle ricchezze, mentre ognuno è chiamato a fare la sua parte.

Questa lotta, molte volte, è stata equivocata ed interpretata con sentimenti di odio, con l'intento che volesse più togliere che mettere ogni cosa al suo giusto posto.

Evidentemente, c'è ancora il libero pensatore che non vuole cedere completamente il posto al lavoratore, nonostante questi venga ancora impegnato nello sforzo fisico, per buona parte della giornata.
Negli sprazzi di tempo libero, lo stesso considera e riflette, imperterrito, proprio mentre cerca di rigenerare le sue forze, in sogni magari vissuti come incubi, poiché da certi calcoli i conti non tornano affatto.

Considerando tutti gli sforzi messi in campo, sembra che il successo imprenditoriale non sia mai dovuto ad un lavoro di squadra, nel suo insieme, ma al singolo elemento, riconoscendogli, in una tale preferenza, doti eccezionali di furbizia o di opportunismo.

Può valere ancora lo stesso discorso che ha fatto, molti anni fa, Menenio Agrippa, così senza retorica, quando parlava di stomaco e di braccia, esaltando più che la funzionalità la compartecipazione delle parti nel loro insieme.

Volendo far tesoro della parabola di questo romano, quello che le braccia portano alla bocca per riempire il pancione poi, in qualche modo, deve essere ridistribuito, in salute, ugualmente e per ogni parte del corpo.

Per di più, è segno di grave disfunzione organica se capita di avere una pancia enorme, con le braccia e le gambe di un rachitico, che non ce la fanno neppure a reggere tutto il carico.

La cosa più consequenziale sarà assistere al blocco di ogni attività corporale, una alterazione totale dei valori del sangue, se non un ricovero in ospedale per collasso.

Senza voler improvvisarsi, come quegli altri, primari, è risaputo che un buon organismo deve avere una buona circolazione, capace di portare ossigeno, necessario, anche alla punta delle unghie dei piedi.

A parte ogni altra comprensione, tutto ciò comporta anche una questione di bella forma, compromessa seriamente da una stortura delle parti del corpo, data per quella che potrebbe chiamarsi elefantiasi.

Non bisogna negare, d'altra parte, che il valore di certe incombenze è dato dalla problematicità posta, in caso di emergenza, dalla difficoltà di rimpiazzo.

L'importanza di un elemento è data anche dai tempi di attesa impiegati per reperire una sua sostituzione, in caso di una sua indisposizione o indisponibilità improvvisa.

Non è affatto semplice provvedere alla sostituta di una "prima donna". Anche di un uomo, quando questi si rivela più vanitoso e capriccioso di una donna.

E' semplicemente da suicidio, in teatro e nella vita.

Lo sanno bene gli impresari o gli organizzatori di uno spettacolo, che hanno imparato a prevedere per tempo e per bene a far preparare i sostituti, pronti a subentrare in qualsiasi evenienza di emergenza.

Per restare attaccati alla tunica di Menenio Agrippa, si intende che un braccio, per quanto sia parte integrante di un corpo e porti il cibo alla bocca, non è insostituibile come un organo vitale.

Non per questo, il braccio ben inteso, deve soffrire la poca attenzione, lasciato appeso a penzoloni, addirittura, come un ramo secco senza linfa.

Nel settore pubblico, soprattutto, i dirigenti di azienda interpretano il ruolo di prime donne, stabilendo le condizioni e regole del gioco, per la qual cosa il banco vince ad ogni costo, pretendendo contratti esosi, con ingaggi e clausole da ricatto, stipendi e liquidazioni stratosferici.

A questo gioco dell'asso piglia tutto, riescono sempre ad accaparrarsi buona parte della posta. In questo modo, chiamati per risollevare un'azienda in difficoltà, tolgono a questa grosse risorse finanziarie, in guadagni e investimenti, con un compenso che è l'equivalente di quello che percepiscono anche venti e più dipendenti.

Un tale sistema, del tavolo da gioco per intenderci, è supportato dall'economista Vilfredo Pareto, quando è percepito come un circuito perfetto, dove uno per essere contento ha bisogno che almeno un altro sia scontento, cioè perdente..

Nelle amministrazione pubbliche o a partecipazione statale, certi dirigenti o manager, sul modello americano, si sono solo arricchiti con questo sistema e con il favore di amici influenti.

Il circuito paretiano, come si è visto, è basato sulla identica parità di rischio, che ogni giocatore deve affrontare, avendo le stesse probabilità di vincere o di perdere, senza possibilità di barare.

Contrariamente ad ogni etica e ad ogni aspettativa, il consiglio di amministrazione, l'amministratore delegato, l'amministratore unico, l'azionista maggioritario, si improvvisa mazziere, regalando carte a piacere e assottigliando il mazzo, che non è mai il suo, vero e proprio.

Nel settore privato, invece, hanno una vera vocazione a risparmiare.

E l'unico modo quanto efficace sembra essere quello di ridurre le spese di personale.

Il più tradizionale è quello di far lavorare in nero, eludendo l'applicazione del contratto nazionale e con esso ogni altra garanzia di tutela, come la paga contrattuale, la maturazione delle ferie, il diritto alla malattia, fondo assicurativo, i contributi ai fini pensionistici e del TFR.

Anche il ricorso alla cassa integrazione diventa, se non un risparmio, un guadagno, presentando, in alcuni casi, aspetti inquietanti.

Capita così che chi è in cassa integrale continua a lavorare ad orario normale, percependo per intera la sua paga settimanale, a condizione che versi all'azienda tutto il sostegno sociale che viene dato a integrazione della riduzione salariale.

C'è, poi, lo stratagemma del finto licenziamento, per poter usufruire della disoccupazione, che consiste, per l'azienda, un risparmio di spese di personale, e per l'operaio, una doppia mensilità.

Una tale opportunità, anzi, fa intravedere una insidia che può scivolare in un doppio ricatto. L'obbligo di firmare la lettera di dimissioni già all'atto dell'assunzione, pone le condizioni a cui deve sottostare un dipendente.

Quelle dimissioni volontarie, firmate senza data, legittimeranno il suo licenziamento, in qualsiasi momento, nel modo beffardo e subdolo di vedersi privato del lavoro senza giusta causa e del diritto all'assegno di disoccupazione.

Un altro modo per risparmiare è quello di non fare assunzioni, riducendo al minimo il numero dei dipendenti e aggravando di lavoro quegli stessi con turni estenuanti, con flessibilità d'orario selvaggia e senza oneri per lo straordinario, per la qual cosa ci va di mezzo la qualità della vita dei lavoratori e dei prodotti.

Un altro, molto praticato, è quello di effettuare i pagamenti molto ma molto in ritardo, riuscendo a guadagnare, per grosse somme di depositi, sugli interessi attivi o a pagare meno, in caso di prestito, su quelli passivi.

Vi sono, senz'altro, varie soluzioni che sfuggono al pensiero ordinario, che non è alterato da espedienti intuitivi e innati o da soluzioni che vengono dall'esperienza, acquisita strada facendo e che non tutti hanno, per intenderci.

Non si può amare una cosa
senza voler combattere per essa.
(Gilbert Keith Chesterton)

Ogni reduce da una esperienza vissuta, che lo ha tenuto lontano dal contesto quotidiano, con il rischio di non poter ritornare, gode raccontare la sua vicenda personale, per far partecipi delle cose belle e per mettere in guardia sul pericolo scampato.

Ebbene, da questo punto di vista, il settore pubblico sembrerebbe immune da tante pratiche nere, al limite delle leggi sociali e morali, sperimentati, adottati e perseguiti dal settore privato.

Il pubblico impiego sembra avere solo come caratteristica quella della stagnazione degli stipendi, con la ferma dei contratti ad ogni scadenza, fissi e fermi come un treno su un binario morto.

Questa è la risultanza di un approccio morbido, da parte dei sindacati di categoria verso la loro controparte, consapevoli evidentemente che l'alone intorno al posto fisso si confonde con l'aureola dei santi, distinti per voti di obbedienza e virtù di pazienza.
Un minimo di coerenza, perciò, ammonisce che, a conti fatti, vale la pena rimetterci, per un po' di tempo, qualcosa dell'indennità di contingenza sul potere d'acquisto.

Un comportamento piuttosto remissivo denuncia anche una scialba forza contrattuale, che mostra una scarsa convinzione da parte della base, riguardo a rivendicazioni sindacali.

Un braccio di ferro si affronta avendo la persuasione di poter contrastare con molta forza, più di quanta ne mostri di avere l'avversario. Anzi si deve esibire anche molta più determinazione e più capacità di resistenza.

Il successo di uno sciopero, che è alla base di ogni rivendicazione, è l'astensione dal lavoro, che può mettere in difficoltà qualsiasi sistema di produzione, che ha tempi improcrastinabili per la consegna, necessariamente tempestiva per battere i prezzi dei più diretti concorrenti.

Le attività esplicative dei Ministeri, come degli Enti periferici e locali, riguardano per lo più fornitura di servizi senza vincoli di scadenza, senza oneri di consegna e senza timori di superamento da parte della concorrenza.

Si comprende bene, perciò, che un rinnovo di un contratto di lavoro non è mosso da alcuna sollecitazione, paventando un blocco delle attività. .

Ci vuole determinazione, come resistenza passiva, con uno sciopero che può andare anche ad oltranza, per poter porre e far valere le proprie condizioni e far valere i propri diritti.

Ma a chi fa paura un esercito di lavoratori che si sente come privilegiato nella sua nicchia ecologica del mondo del lavoro e che non è capace neppure di battere i piedi per far rumore, al fine di procurare qualche altro genere di preoccupazione?!

Il corpo dei docenti prova a volte, timidamente, a farsi sentire, minacciando di praticare il blocco degli scrutini ma è stato sempre costretto a rientrare.

Così, la precettazione lo ha tolto da ogni vile imbarazzo di non essere mai compatto. Lo stesso che non ha colto i sindacati, quando hanno accettato di vietare, per contratto, il blocco degli scrutini.

Non bisogna trascurare, per di più, che il grosso dei dipendenti dei Ministeri consiste di persone soggette al regime militare, con la subordinazione alla gerarchia e la formula di giuramento di fedeltà.

Sono così i dipendenti del Ministero dell'interno, Ministero della Giustizia, Ministero della difesa, Ministero dell'Economia

e delle Finanze, che comprendono Polizia di Stato, già ex Guardia Forestale, Polizia Penitenziaria, Esercito, Arma dei Carabinieri, Guardia di Finanza, Marina e Aeronautica.
 Persino il personale del corpo militare speciale volontario ausiliario della Croce Rossa, con tanto di gerarchia, ordine e gradi.

In tutto questo entra di diritto il Ministero della Pubblica Istruzione, con i suoi dipendenti anch'essi obbligati al giuramento e subordinati alla regola apicale, soprattutto nei confronti dei vari Dirigenti e dei suoi più stretti collaboratori, come per i già Vice Presidi.

Questi, infatti, disdegnano ogni rapporto di collaborazione con il personale della scuola, preferendo la posizione apicale e non del missionario. Pretendono di impartire ordini anche quando non sono informati, fino a voler insistere che un minore debba sottoscrivere, al fine di dare un valore giuridico, la sua camicia d'esame di Licenza Media.

A riguardo dell'Esercito, va considerato che da difesa del territorio nazionale si è tramutato in forza di pace, da leva obbligatoria, perciò, a servizio volontario, con contratto a tempo indeterminato, rappresentando, per questo e per molti giovani, una ulteriore possibilità di lavoro, di matrice keynesiana.

Così, mutatis mutandis, mentre prima si sarebbero fatte carte false per evitare di fare il servizio militare di leva, ora si è disposti a fare lo stesso carte false ma in senso contrario.

Le missioni di pace riescono ad essere un'attrattiva irresistibile ed hanno la meglio sullo spirito di volontariato di questi giovani. Partecipando, infatti, si acquisisce competenza e meriti sul campo, nonché punti utili in graduatoria per la ferma, la sola condizione che garantisce di poter rimanere effettivi.

L'aspetto monetario, come sempre, stimola più d'ogni altra cosa, considerando che la partecipazione ad una missione di pace, che generalmente è sempre in un Paese estero, costituisce una consistente remunerazione tra diaria e trasferta.

Il rischio è innegabile, da mettere comunque in conto, così come un certo disagio e, persino, talune privazioni, espresse dalla lontananza e dalla nostalgia.

Ma ad una valutazione ad occhio e croce, hanno le stesse probabilità di incidenza, restando a casa propria, addirittura nella propria caserma, durante una operazione di Strade Pulite, una rivolta, un'esercitazione da routine.

Ancora qui, ad ogni modo, il fattore K ha avuto la meglio nella riconversione dell'apparato militare in ente occupazionale, mettendo fine al congelamento delle prospettive e del lavoro di tanti giovani, costretti a stare sospesi in ogni loro progetto, prima di quella supposta liberatoria.

In questo modo, finanche la parola pace è riuscita ad incunearsi tra il linguaggio gridato e rozzo, come di antichi lanzichenecchi, liberato dalla sua filosofia scurrile, quasi ancora dedito al saccheggio: " Si lavora e si fatica per la pancia e per la fica".

Il fattore K, inoltre, diventa addirittura esponenziale se si considerano tutte quelle aziende commerciali che orbitano intorno ad un Ministero, ad una caserma o ad una missione di pace.

Sono i fornitori di beni primari, che vanno dai prodotti per le vettovaglie a quelli del vestiario, carburante, consumi personali, con l'occupazione di edifici pubblici, dagli alloggi alla mensa, autorimesse, rimesse e hangar, fino a quelli tecnicamente e professionalmente più pertinenti che compendiano il discorso sugli armamenti.

L'uomo è arrivato quando fa per
mestiere quel che farebbe gratis.
(George Bernard Shaw)

Il Servizio Sanitario Nazionale, per la sua forma particolare, avulsa e incomprensibile, per un qualsiasi passeggero di nave, marinaio di bordo o lupo di mare, potrebbe essere paragonato al mostro di Loch Ness.

Un'atmosfera fumosa e artefatta sembra circondare la Sanità italiana, proprio come il mostro del lago, che richiede la presenza sul posto per avere un'idea sulla sua capacità terrificante.

I vecchi marinai raccontavano di calamari giganteschi e piovre mostruose che si ergevano dalle onde e gettavano nello spavento, nell'atto di inghiottire, addirittura, l'imbarcazione.

Ora a chi non capita di avere, anche una volta all'anno, un approccio con il mare, sia pure a debita distanza, facendo il bagno, praticamente, sulla sabbia?

La stessa cosa dei vecchi racconti potrebbe capitare, da un momento all'altro, in un momento di fervida fantasia, provando i brividi dati da un avvistamento fuori delle righe.

Il mostro Nessie, invece, no, non può mai capitare di incontrarlo, in quanto è tipico di quel lago e solo andando là si può sperare o temere di avvertire qualcosa di meramente naturale o sensazionale.

In ogni altra parte del mondo viene ignorato a priori, poiché non se ne sente la necessità come neppure il grado di imbarazzo che potrebbe derivare da un incontro occasionale.

Una volta sulle rive di quel lago, invece, la sua presenza è percettibile, è a pelle, dai racconti vivi della gente del posto, di quanti dicono che l'hanno visto, fino a rimuovere, nel visitatore, ogni difesa razionale, capaci di riuscire a vendergli anche un souvenir, con rassegnazione svogliata.

Ecco così è la Sanità, ignorata se si è in buona salute, in altra parte del globo terrestre, ma se si è obbligati si diviene costretti anche a comprare più di un souvenir di quel luogo fuori del normale.

Il moltiplicatore K lo raffigura oltremodo mastodontico, attraverso i suoi ospedali, le sue funzioni nei centri diagnostici e nei poli ambulatoriali, come già dell'Istituto Nazionale per l'Assicurazione contro le Malattie, nota come ex I.N.A.M., attraverso quella varietà di figure professionali, che vanno dall'usciere al portantino, all'inserviente, all'infermiere generico a quello specializzato, autista, tecnico, analista, biologo, ostetrico, medico e tanti altri quanti ancora ne prevede il Ministero della Sanità.

Il fine squisitamente occupazionale della teoria keynesiana, portato a compimento dalla politica clientelare, è andato decisamente a scapito della preparazione di alcune figure professionali, come portantini, inservienti e infermieri generici.

Per la verità, i corsi preparatori che permettevano l'accesso ai ruoli, di quest'ultimi, risultavano così approssimativi da suscitare, nelle altre due categorie contigue, ferma malevolenza, facendo dipendere quella diversità di qualità professionale da una semplice e sfavorevole coincidenza.

Questa minima differenza di qualifica faceva derivare una deplorevole conflittualità che sfociava in una cosiddetta "zona neutra", portando ognuno per proprio conto a trascurare le proprie competenze che toccassero i limiti dei rispettivi profili, a scapito della qualità del servizio.

Una cattiva opinione che i loro ruoli fossero intercambiabili li induceva ad una grave mancanza di responsabilità, per la qual cosa il malato era abbandonato nella sporcizia o in attesa indefinita di veder somministrate le cure prescritte.

Il grado di preparazione degli infermieri generici, in effetti, che veniva conseguito dopo un mese o due di corso professionale, consisteva di nozioni minime, come di differenze di aghi e siringhe, di vene e di iniezioni intramuscolo, di cui tutti con un po' di pratica potevano vantare conoscenza e abilità.

Da qui la rivalità manifesta e concorrenziale tra le figure professionali subito inferiori, con la consapevolezza o la presunzione di essere capaci anche loro in quello che avevano visto fare un sacco di volte.

Tanto è vero che molti inservienti e portantini, prima o poi, venivano "promossi" alle mansioni di infermiere. Anzi, in previsione proprio di questa eventualità, spesso gli infermieri acconsentivano, in forma di amicizia o per quieto vivere, che quegli altri li sostituissero, soprattutto quando la richiesta di interventi risultava particolarmente scocciante e petulante.

Per di più la difformità tra i ruoli non diventava solo formale ma soprattutto sostanziale, nel prestigio e nelle responsabilità, che a fine mese pesavano anche in busta paga.

Infatti, quella che poteva sembrare una semplice diversità di casacca, una volta acquisita, sul campo, un'esperienza ed una competenza più che apprezzabili, faceva prospettare un significativo miglioramento di reddito, con assegnazione di compiti rilevanti, nei reparti e nelle sale operatorie, con premi di produzione e con straordinari e, spesso, con regalie varie, in segno di riconoscenza da parte dei familiari.

Senza considerare, poi, che una volta riposto il camice istituzionale, che gli garantiva un lavoro utile e qualificato, l'infermiere era molto impegnato nell'esercizio della libera professione, con l'assistenza domiciliare, applicazione di catetere, somministrazione di farmaci, siringhe intramuscolari ed endovenose e lavaggi di medicamenti vari, per la qual cosa, a seconda della difficoltà,   stabiliva un compenso anche e più adeguato.

Nel gran polverone del fattore K, ecco, allora, che ogni buon proposito occupazionale viene inficiato da assunzioni indiscriminate, senza precise finalità, capace di generare una guerra tra poveri.

Senza una pianificazione a lungo termine è mancata la capacità di garantire tramite figure professionali sanitarie, qualificate e preparate, quella continuità necessaria per assicurare il diritto alla salute, affidato a strutture pubbliche, così come da Costituzione.

Per molti anni, una impercettibile discrepanza di opportunità e di favoreggiamento politico ha creato dei dissapori tra categorie di lavoratori, mancando di farli appassionare al loro lavoro, oltre che farli sentire utili se non indispensabili.

Non si è riuscito a calcare tutte le sfumature che i carichi di responsabilità, ognuno nel proprio ambito, avrebbe dovuto coinvolgere per delineare un ruolo di rispettabilità e professionalità, proiettato in un lungo termine.
Forse, perché effettivamente erano rese nell'impossibilità ad essere rilevati.

Prima che si istituisse la Laurea in Infermieristica, capitava così, come per caso, a sorteggio, che con concorsi interni, praticamente per anzianità di servizio e per praticità sul campo, gli inservienti e i portantini fossero promossi alla qualifica di infermiere, con una semplice prova pratica, come era capitato con i loro precedenti colleghi.
E giustizia è stata fatta.

Infatti, a questo proposito, è facile immaginare che i reparti di geriatria e traumatologia ortopedica, che per loro specificità contano un grosso afflusso di persone in età avanzata, diventano un campo di esperimento ed un ottimo banco di prova per le presunte abilità di questi veri e propri temerari.

Da questi particolari si capisce che il servizio sanitario nazionale ha rappresentato un mammut, ai tempi dei dinosauri, che è in via di estinzione, senza una valida ragione, dopo aver fatto, come quegli altri, terra bruciata intorno.

In pratica, era divenuto tanto grosso e aggravato che non aveva più modo di procurarsi da vivere. Anzi a voler mantenere la sua natura come enorme contenitore elettorale sembrava addirittura che stesse per scoppiare.

Senza un programma a lungo termine, nel modo del carpe diem, che fosse capace di educare al modo di utilizzare correttamente un servizio sanitario, gli operatori di questo servizio hanno adottato un comportamento da Kamikaze, non avendo cura, per le generazioni a seguire, di serbare nemmeno i semi di quanto avessero consumato.

Il servizio elargito con smodata gratuità, le richieste di prestazioni ed il consumo di medicinali, insieme a prescrizioni diagnostiche, risultarono senza criterio, di gran lunga superiore alla popolazione degli aventi diritto, come iscritti alla cassa mutua dei lavoratori.

Per la precisazione, coloro che non avevano diritto erano quelli che non potevano essere iscritti, in quanto non erano lavoratori compresi in fascia di reddito ma erano lavoratori autonomi, liberi professionisti, commercianti, artigiani e quant'altro non fosse dipendente pubblico o privato, quindi, con un reddito capace di pagare, per sé ed i propri cari, ogni tipo di prestazione e cura.

Succedeva, allora, che per la caratteristica di gran baraccone, che avevano individuato nella sanità pubblica, alcuni di questi, più furbacchioni, avevano pensato bene di attingere alla cassa mutua, del parente o dell'amico, sfruttando la ristrettezza economica di questo per far si che si intestasse, spudoratamente, ogni prestazione e medicina di cui avessero bisogno, addebitando alla sua cassa comune.

Poi è successo il finimondo, come succede alle formiche quando la fila viene interrotta. Il drago arriva alla coda e mangia sé stesso.
In termini sanitari, un collasso vero e proprio, da cui sarebbe stata necessaria una terapia d'urto.

Il personale assunto anche in esubero, intanto, non poteva essere licenziato, per la stessa cosa non potevano essere fatte nuove assunzioni, mantenendo un organico oltremodo in eccesso e privo di idoneità necessaria, per poter soddisfare le richieste sempre più specialistiche degli assistiti.

Per scoraggiare la gratuità, che è sempre fonte di spreco, e per recuperare un minimo sul rosso del fondo, con la cassa che ansima per i debiti, si pensa perciò di introdurre un ticket, anche minimo se non si è esenti, che paragonato al costo di una visita privata o presso una struttura privata, risultava di poco differente, avendo il vantaggio di accorciare di mesi i tempi di attesa, in modo da avere una diagnosi anzitempo.

E' stato lo stesso sistema, ad un certo punto, che indirizza presso le strutture convenzionate, private, per favorire taluno e talaltro, in grado di dare un po' di respiro e alleggerire il suo carico di lavoro, ormai divenuto insostenibile, per carenza di regolamentazione che faceva risultare strutture poco idonee e scarsezza di personale qualificato. E, anche, poco motivato.

Così si è finiti con il delegare ad altri tutti i servizi di preminenza e di interesse dell'area pubblica, la salute dei cittadini, la prevenzione, gli esami diagnostici, la cura e la somministrazione di medicinali, il ricovero ospedaliero, la degenza e l'assistenza domiciliare per i malati gravi, ecc.ecc..

Tanto per essere catapultati da un eccesso all'altro, quindi, a qualcuno è venuta la brillante idea di concedere alle straordinarie Agenzie Interinali ogni tipo di cura e di prestazione e di assistenza terapeutiche.

Va da sé, per chi lo sa o non lo sa ancora, come pure per quanti non lo vogliono sapere, che le agenzie interinali, o più volgarmente dette Agenzie per il lavoro, sono completamente private.

Queste procurano principalmente lavoro a loro stesse, sia che selezionino il personale, secondo le caratteristiche indicate dalle aziende, che ne fanno richiesta, sia che trovino automaticamente un'occupazione a coloro che si rivolgono a loro come Agenzia per il lavoro.

Il meccanismo è questo strano quanto vizioso: le aziende sanitarie si rivolgono all'agenzia interinale, con il compito di selezionare personale qualificato. Queste stesse aziende, che sono dette anche utilizzatori, una volta fatta la commissione all'agenzia, si mostreranno soddisfatti del risultato finale così che prenderanno in carico, con massima fiducia, tutto il personale da questa indicato.

Questo personale, risultato idoneo, sarà alle dipendenze dell'azienda, che però paga le sue prestazioni all'agenzia, in base al contratto di impiego.

Da qui, il lavoratore non dipende direttamente dall'azienda sanitaria, dove presta servizio, bensì dall'agenzia, che gli organizza il lavoro in turni e in prestazioni, in base alle caratteristiche richieste, dall'azienda, al momento della selezione.

Con tali presupposti, il lavoratore stipula due contratti, uno con l'azienda, presso cui materialmente lavora, e l'altro con l'agenzia, che gli ha procurato lavoro e che, allo stesso tempo, è pagata dall'amministrazione, per diventare, quindi, essa stessa ente pagatore.

In Italia, le cose o si fanno così o si fanno anche più complicate.

E' facile immaginare che in tutti questi passaggi di mano i soldi hanno un costo, dovuto a spettanza se non proprio ad usura materiale vera e propria.

L'agenzia, intanto, si farà valere per il riconoscimento della sua professionalità, trattenendo per sé quanto dovuto, fosse solo per un minimo di gratitudine.

Ma, nella nostra piccola esperienza di naviganti nel mare del lavoro e dell' economia, una prestazione mal pagata compensa sempre con cattiva qualità, demandando inevitabilmente ad altri, anonimi o di fantasia, che trattengono ingiustamente la parte di incombenza, ad ogni modo, mancante.

Il moltiplicatore K, come si può notare, qui fallisce in tutti i suoi principi, in quanto, concentrando il fondo nelle mani di poche persone, si fa cadere la sua finalità che è quella di moltiplicare i poteri di acquisto, incidendo negativamente sui consumi e sull'occupazione.

"Facciamo più quello che è giusto, invece di
quello che ci conviene.
Educhiamo i **figli** ad **essere** onesti, non **furbi**"

(Tiziano Terzani)

Un altro mostro marino, dalle proporzioni più ridotte e meno appariscenti, più facile incontrare nei nostri mari, con le caratteristiche ed idoneità per far parte del principio occupazionale keynesiano, è senz'altro il Ministero di Grazia e Giustizia, colto in tutte le sue fasi, dall'applicare la legge all'inviare a giudizio, al sanzionare e alla certezza della pena, alla detenzione con lo sconto della stessa

Tra la folta schiera che costituisce per lo più il personale in organico ai Tribunali, ci sono uscieri, amministrativi, cancellieri, addetti alla cancelleria e magistrati, affiancati di volta in volta dalla polizia giudiziaria, come pure da personale appartenente a diverse forze di polizia dello Stato.

Di propria pertinenza è la Polizia penitenziaria che è alle sue dirette dipendenze, al fine della custodia, della riabilitazione e della espiazione della pena da parte dei reclusi, per il singolo reato commesso.
Le carceri ricordano ancora vecchie colonie penali, che formavano piccole cittadelle, abitate da ergastolani e secondini, segregati tutti insieme in custodia vigilata.

Una piccola cittadella rappresenta ogni padiglione della struttura carceraria, che costituisce una folla di persone che va sorvegliata, curata, messa in condizione di non perdere il contatto con la realtà, che ad ogni modo continua imperterrita fuori delle mura, al fine della riabilitazione e dell'uscita in libertà.

Vista, poi, la pericolosità che comporta la sorveglianza di persone che non sono, almeno per la giustizia, degli stinchi di santi, il rapporto numerico di ogni agente per detenuti dovrebbe essere considerato più ragionevole rispetto a quello di ogni docente per alunni, inducendo ad alzare di molto l'incidenza percentuale del numero degli agenti rispetto ai detenuti.

Un popolo di operatori è impegnato con turnazione continua, in quanto la detenzione non può risultare incustodita, neppure nelle feste comandate.

Le misure carcerarie, adottate per far scontare la pena a chi ha commesso un reato, hanno sempre comportato una preoccupazione per i Governi, succeduti nella loro rispettiva epoca.

La novità rappresentata dalla teoria del moltiplicatore K è quella di aver permesso molti più contatti dei detenuti con il loro ambiente esterno.
La riabilitazione o, quantomeno, il tentativo di renderla operativa ha determinato la necessità di una maggiore apertura del luogo di detenzione verso la società, come pure verso il suo quotidiano.

La prospettiva di una rieducazione dei detenuti ha derivato, di conseguenza, una varietà di interventi, capaci di migliorare la vita di questi e di renderli meno ostili verso la società o, per dirla in breve, di tenerli meno in cattività.

Pratiche già esistenti sono migliorate, altre sono state introdotte in adeguamento ai tempi, come il passeggio giornaliero, i colloqui più frequenti con i familiari ed i propri legali, la possibilità di scegliere da un menù di mensa o, anche quella di approvvigionarsi dell'occorrente per attrezzarsi a cucinare nella propria cella, il diritto a tenersi informati, con giornali, radio e televisioni, fare pratica sportiva, praticare un hobby, ha comportato un via vai di gente, operatori sociali, volontari religiosi e laici, istruttori, fornitori di servizi, corrieri di vario genere, che, diversamente e in altri tempi, sarebbe stato da non credere.

Alla base della rieducazione è anche fondamentale un buon grado di istruzione, riuscendo a fornire ogni strumento adatto in tal senso, al fine di dare altre conoscenze e altre capacità di scelte nella vita, tramite la possibilità di conseguire un attestato o un diploma, di scuola media e superiore, la frequenza agli studi universitari, per tentare di tracciare un altro solco rispetto a quello che la vita aveva loro riservato.

Per di più, quando la casa è oltremodo frequentata c'è sempre più tanto da fare, richiedendo un impegno, da parte del personale addetto, fuori dell'ordinario, per pulizie straordinarie, richiedendo l'aiuto di altri, anche occasionali.

Del piano rieducativo, inoltre, fa parte anche le offerte lavorative, proposte dalle aziende, che possono essere espletate sia all'interno che all'esterno della Casa di reclusione, sulla linea del fattore K, al fine di favorire, il reddito, i consumi e l'occupazione.

L'incarcerazione risulta, per qualsiasi giudicato, un mezzo coercitivo, che la società attua per vendicarsi della regola infranta come del torto subito, al fine di sentirsi più sicura, tranquilla, che l'individuato, in carcere, non possa commettere quello stesso reato o altri attigui. Almeno fino a quando resta in carcere.
La privazione della libertà, oltre che una punizione, può risultare un deterrente, perché altri non commettano quegli stessi reati o di natura diversa.

Il problema della rieducazione del detenuto, d'altronde, è stato posto già nel 1764, dall'illuminista Cesare Beccaria, nonno materno di Alessandro Manzoni.
Nel suo trattato "Dei diritti e delle pene" egli osserva che le pene, perché siano efficaci, debbano essere adeguate ai delitti commessi.

Alla società, quindi, non è conveniente applicare la pena massima per tutti i reati. Se così fosse si indurrebbe, senza alcuna remora, a compiere il reato più grave, sapendo già di poter subire la pena più pesante.

E a proposito della massima pena, egli si dichiara contro la pena di morte, in quanto lo Stato non può compiere un reato così grave per punire un reato compiuto da altri.

In base al contratto sociale, che esprime la volontà di ogni individuo con cui dà delega allo Stato, è ragionevole immaginare che nessuno darebbe mai l'autorizzazione a essere ucciso, nel caso in cui egli stesso si trovasse ad aver compiuto un reato, di qualsiasi natura possa consistere.

Nella consegna delle libertà individuali a chi deve rappresentarlo, a nessuno verrebbe mai in mente di autorizzare un altro perché lo uccida. Questo renderebbe inutile il fine stesso del contratto sociale, inteso allo scopo di tutela di ogni persona, fisica e morale.

Ma seppure fosse accettata la pena capitale, come dissuasivo a commettere reati, risulterebbe un'ecatombe, prima ancora che una catastrofe per il nostro fattore K, in quanto allo Stato mancherebbero i grandi numeri del moltiplicatore, per una sua eventuale ripresa economica, ma più di ogni altro verrebbero meno gli agenti penitenziari nella loro funzione, in quanto non ci sarebbe più nessuno da sorvegliare.

Fatti non foste a viver come bruti ma per
seguir virtute e canoscenza...
(Dante, Inferno-Canto. XXVI)

Bisognerebbe partire da questa dichiarazione di Dante, che suona quasi come un verdetto, fatta pronunciare ad Ulisse nel canto XXVI del suo divino Inferno, per compendiare il valore dello studio e della ricerca che l'istruzione ci fa guadagnare.

La scuola, perciò, sarebbe l'agone sacro dove praticare ogni rito propiziatorio, per tenere lontani i vecchi spiriti del male.

Qui, in questo mare non dovrebbero esserci mostri che atterriscono, in quanto essa, la scuola, tornando al suo senso d'origine, scholé, come la intendevano i Greci, rappresenta un momento di quiete e di riposo, suggerendo di interrompere ogni fatica, di rifuggire ogni impegno e affare di guadagno.

Nessuno sforzo dovrebbe implicare, quindi, l'apprendimento di soluzioni che sono il risultato di esperienze e pratiche acquisite negli anni e che è necessario tener sempre vive, attraverso la trasmissione orale e scritta, al fine di saper risolvere, da parte di un'intera comunità, problemi di sussistenza e di convivenza.

Per questo serve, innanzitutto, consapevolezza di gruppo che perseguita lo stesso fine, in cui sono fondamentali la solidarietà ed il rispetto tra i componenti.

Si deve partire dal fatto che non ci siano privilegiati o detentori del sapere, senza i quali non si potrebbe accendere neanche un cero votivo, per le complicanze che darebbero i segreti di rito.

Una buona informazione capillare pone tutti nella stessa parità, dei diritti e dei doveri, dei meriti e delle responsabilità.

E' bello, perciò, sapere che non si è soli, anche di fronte ad un problema che coinvolge il solo singolo, che certamente potrebbe riguardare l'intera comunità.

Un avvelenamento da funghi, uno scoppio di guerra, una epidemia, un terremoto, un maremoto, un incendio, un'alluvione, una qualsiasi calamità naturale travolge, per forza di cose, gli affini ed i vicini come in un gioco del domino.

Anche un semplice alterco tra due, in disaccordo tra loro, porterà gli altri a prendere posizione di fatto, fosse pure per simpatia o per legami di sangue.

Sono tutti pur sempre contemplati nella memoria dell'insieme, del paese, di una Regione, di una Nazione, che sono forse proprio questi avvenimenti o sciagure a renderli più simili.

La scuola deve essere intesa un centro di documentazione, con l'intento di rendere l'apprendimento come la comprensione dei fatti, vita morte e miracoli di una comunità su un determinato territorio.
La sua origine, flussi migratori, caratteristica del terreno con particolari colture, i mestieri e le arti per i quali si è progredita nel tempo.

A dispetto del moltiplicatore K, già più volte menzionato, che ha a cuore solo il fattore occupazionale, la scuola dovrebbe riappropriarsi del suo ruolo fondamentale di educare, con le sue conoscenze e strumenti del sapere.

Deve usare argomenti e modi che possano incuriosire e appassionare tutti coloro che vengono coinvolti, grandi e piccinini, come in un gioco, così come succede a cuccioli di animali, che si addestrano ad andare a caccia e a come difendersi dai loro nemici naturali.

Il ministero della Pubblica Istruzione, sia con l'Università sia senza la Ricerca, è stata sempre prerogativa del Partito di maggioranza, qualunque sia stata la risultanza, nel Governo, di una sua alleanza, con gli intenti che sembrano più di ammaestramento che di addestramento..

Il diritto allo studio è un diritto soggettivo della persona e trova il suo punto di forza negli articoli 33 e 34 della Costituzione della Repubblica Italiana che, guarda caso, è l'argomento più ignorato e meno considerato tra i programmi ministeriali.

L'educazione, così come quella civica, dovrebbe dettare le prime regole di regolamento, con la presa in visione immediata e accettazione per condivisione, subito senza altri preamboli e tentennamenti, come accade anche per esprimere la volontà di far parte di un piccolo condominio.

E' strano che proprio chi si è impegnato per garantire a tutti la parità dei diritti sia oggetto di tale discriminazione ed esclusione.

In una convivenza, oltretutto, così articolata, dove tutto è politicamente e socialmente soggettivo, bisognosa di regolamentazioni: l'individuo, nel sottoinsieme di sistemi, la famiglia, la cura della prole, l'educazione, il senso civile, la salute, lo studio, il lavoro, il tempo libero, le preferenze sessuali, la politica, la religione, i principi morali, il regime fiscale, il concetto della cosa pubblica, l'economia domestica, i consumi, i canoni della bellezza e dell'onestà, e tanto altro ancora, ad libitum.

Ma sembra che non si miri ad un individuo capace di ragionare, mettendolo a conoscenza del costo di un pezzo di pane, attraverso le somme delle parti suddivise tra la produzione del grano, il costo della farina, i tempi di lavorazione, il compenso del fornaio, il costo della legna, fino a giungere alle tasse applicate, i.v.a., irpef e accise, che lo Stato impone, per inciso.

Si eviterebbe, una buona volta, di rappresentare il contadino sempre così sbadato, come diceva Massimo Troisi, che perde o rompe, veramente, sempre qualcosa strada facendo, creando tanti problemi a sé stesso ma che dà sempre da risolvere a dei poveri innocenti.

Non sarebbe mai troppo prematuro mettere in argomento come funziona il sistema finanziario, con i suoi prestiti e i suoi tassi di interesse, passivi ovviamente, per la qual cosa anche il costo di una caramella partecipa all'andamento dell'economia nazionale, specie se non si ha soldi e bisogna farseli prestare.

Non si risolvono i problemi, ad ogni modo, evitando di affrontarli, rimandando ad altri e nel tempo ogni possibile risoluzione.
In carenza di notizie certe, tutto va a forza di deleghe, dove la scuola e la famiglia si affrontano spesso, quasi sempre, in marca da bollo.

Onde evitare tante diatribe su chi spetti la trattazione di argomenti molto sensibili e delicati, come l'educazione, complesso di norme e valori, o il sesso, o la difesa ad oltranza di simboli religiosi, o certi consumi smodati, per forza di persuasione dei mass media, sarebbe auspicabile una compenetrazione più fattiva tra queste due istituzioni sociali, in modo da avere il medesimo peso di responsabilità nell'assumere un atteggiamento uniforme, nei due momenti distinti tra due scuole di pensiero.

Soprattutto per il sesso, la droga, l'alcol, che possono dare devianza, con usi inappropriati e con le problematiche fisiche, sociali e morali che comportano, la scuola, come centro di cultura, insieme alla famiglia deve farsi società ed indicare un metodo di studio aperto, senza mezzi termini e reticenze.

Soprattutto per il sesso, che sembra la cosa più naturale, non si dovrebbe assumere una chiusura a riccio, dando spazio a pregiudizi, a dicerie e superstizioni.
Si deve dare comprensione di tutte le varie sfaccettature della sfera sessuale, atta alla procreazione e al piacere, mettendo in guardia contro la violenza e lo sfruttamento, con la comparazione degli usi e costumi presenti presso altre culture.

Per non incorrere in rischi di conflittualità, la società dovrebbe evitare di far apparire la scuola come rivale con contesa dell'alunno, rispetto alla famiglia, cercando di creare spazi e tempi all'interno della stessa che li facciano apparire più di intesa e alleate, nel perseguire il bene dell'alunno, senza lacerazioni e strappi di affetto.

Ci vorrebbe per questo un altro modo di concepire la scuola, come formazione, soprattutto, di individui sociali, capace di stare insieme e condividere ogni cosa, nel bene e nel male, mostrando di voler stare con tutti gli altri.

Ma tutto ciò che sembra utopia merita sempre un minimo di piano di fattibilità.
Bisogna considerare la scuola non più come tempio del sapere, dove solo i sacerdoti possono accedere per somministrare i misteri del culto.

Le famiglie devono essere coinvolte ma non soltanto come organo di controllo sull'economia scolastica, di cui hanno poca dimestichezza e poche possibilità di intervento, tanto più per decisioni sulla condotta e nei casi estremi, quasi penali, che riguardano gli studenti.

Quello che le scuole italiane si ostinano a chiamare Open day, Porte aperte, all'americana, volendo darsi un tono sofisticato, sono le uniche parole straniere che riescono a pronunciare, anche con una certa padronanza.
Come tutti del resto, a furia di sentirlo così spesso.

La mancanza di conoscenza delle lingue straniere, è la sola che al giorno d'oggi, insieme alle competenze informatiche, può denotare in un individuo una grave carenza culturale, chiamata formalmente ignoranza.

Con un programma riguardante l'uso delle lingue straniere, non soltanto affidato ai progetti che sono limitati a due o tre parole, sempre le stesse e solo ad una parte di prescelti, si potrebbe evitare di assistere a magre figure di Rappresentanti dello Stato, per lo più Presidenti del Consiglio dei Ministri e Ministri degli Esteri, di vari Governi, che balbettano parole senza senso, come "Prisencolinensinainciusol" (letteralmente copiato e incollato da Internet) di Adriano Celentano.

E' altrettanto sorprendente quanto avvilente che molti intervistati stranieri, come pure immigrati extracomunitari, rispondano in un inglese corrente, incomprensibile a quanti hanno un livello di lingua straniera della scuola italiana.

L'open day si dovrebbe praticare almeno una volta a settimana per essere dedicato completamente ad una lingua straniera, prevista nell'offerta formativa.

Scuole aperte, anzi, detto all'italiana, dovrebbe rappresentare il grido di liberazione per gli studenti e per quanti ci lavorano, reclusi come animali in gabbia a cui non sono concessi neppure visitatori come allo zoo.

E scuole aperte dovrebbero intendersi quotidianamente, non solo un giorno all'anno come piccolo momento di propaganda, invitando a scegliere quanto già tutto è molto simile in altre parti dell'Italia.
Le scuole, infatti, sembrano fatte con lo stampino o, per restare in tema, con copia e incolla.

Lo spazio esterno, quando c'è, è riservato al parcheggio, praticamente, dei dipendenti che, tranne nei casi di malattia e di giorno libero, garantiscono la presenza di un centinaio di auto, in quanto l'orario ordinario, di lezione e di ufficio, va inteso da espletarsi tutto in quelle sei ore del mattino.

Senza considerare la calca di auto e di gente che si palesa ogni giorno, all'entrata e all'uscita della scuola.
Quella stessa situazione congestionale, poi, si ripropone moltiplicata per quante scuole vicine risultano essere plessi

appartenenti allo stesso Istituto, che osservano naturalmente il medesimo orario.

Considerando, per di più, che l'intasamento è esponenziale, per via della vicinanza entro la quale vengono costruite le scuole, disseminate a casaccio, si sarebbe indotti a credere che sia il frutto di qualche dispettoso. Forse una ritorsione da parte di qualcuno che ce l'ha a morte con la scuola, ritenendo di aver subito qualche incomprensione. Oppure proprio perché c'è stata con questa la massima intesa è la dimostrazione del valore degli studi conseguiti presso la stessa.

Lo spazio esterno, perciò, di una scuola è ridotto ai minimi termini, progettato per i motivi sopra espressi e per non sostare più di sei ore al giorno.
Che poi, anche se avanza, al di là delle auto e dell'orario di lezione, è destinato a restare senza colture, proprio nella sacralità della cultura, la stessa che ha l'ambizione e la delega ad educare alle buone maniere e al linguaggio della natura.

Ed è questo, forse, il punto più essenziale, assente com'è nella scuola ogni riferimento alla vita vissuta.
La pratica scolastica sembra avulsa a qualsiasi relazione esterna, familiare e sociale, ponendo l'accento tra i due momenti dove, in uno, si può trovare affetto e divertimento, nell'altro, olio di ricino per l'inappetenza.

Insomma, invece che portare la scuola a casa, con i noiosi compiti da fare, si dovrebbe far compenetrare alcuni momenti di vita domestica con quelli della scuola, allungando l'orario scolastico, avendo tempo di frequentare la biblioteca, uno spaccio per un caffè, una sala da gioco, con TV, per l'uso del computer, con momenti intervallati da abitudini alimentari da consumare in una mensa o con merenda, anche ammettendo di avere contatti e amici che frequentino altre scuole.

Non pare affatto una ipotesi avveniristica ma un segnale di cultura progredita, nella misura in cui se si vuole risolvere il problema e necessario operare con il coltello.

Una corretta formazione deve mettere in grado di essere senza dipendenze di alcun genere.

A vedere il film "Non ci resta che piangere" molti hanno riso, anche tanto, ritenendo così ridicolo quel tentativo, senza peraltro riuscirci, da parte di Mario e di Saverio, di strabiliare quel contesto medioevale, dove si trovano misteriosamente catapultati, con qualche oggetto in uso nel XX secolo.

E cosa c'è di più immediato e più semplice, nell'uso quotidiano, che accendere la luce di una lampada?!
Mai nessun fallimento risulta più completo.
Anzi, con le loro informazioni sommarie, devono affidarsi al genio di Leonardo da Vinci per la costruzione di un treno, che suggellerà il loro patto in percentuale del 33, 33 e 33.
Niente di più avvilente e deludente, dando tutto per scontato.

La funzione essenziale della scuola è quella di formare, nel senso di istruire, non di modellare, nel modo di rendere un soggetto all'uso che chi comanda se ne potrà servire per scopi prettamente politici.
La capacità di ragionare, allora, dà fastidio al sistema costituito, con il presupposto che possa essere sempre lo stesso a stabilire il valore e l'uso della conoscenza.

In una pandemia come quella del 2020, non nel 1492 come quegli stessi nel film, chiunque può dirsi sbalzato, improvvisamente e misteriosamente, in una realtà fuori di ogni immaginario.

Seguendo la linea della conoscenza pura, in un'epoca di minaccia costante di guerre nucleari e batteriologiche, sarebbe stato possibile prevedere la messa in atto di un programma di informazione che potesse indicare le misure più urgenti, capaci di garantire un minimo di tutela, anche alla luce delle esperienze passate, come in caso di peste, che dovrebbero far parte, ormai, della nostra cultura.

Ma nessuna colpa o rimprovero si può addossare a quanti preposti alla tutela della sicurezza, nel momento in cui sono essi stessi vittime di un sistema educativo incapace ad allertare riguardo ai pericoli e ai veleni.

In una situazione apocalittica, pochi, davvero, saprebbero costruirsi un riparo, procurarsi dell'acqua, accendere un fuoco, cacciare, scuoiare, disossare e cuocere. Come pure e tanto più a essiccare, correttamente, o a mettere sotto sale quella parte che deve conservare.

Pochissimi, in verità, da contare sulle dita, sono quanti potrebbero districarsi in situazioni divenute all'improvviso strane, fuori dell'ordinario.
Sarebbero da cercare solo tra quelli che hanno fatto, per fortuna loro, un corso di sopravvivenza o quanti si sono ritrovati, sempre per buona sorte, a far parte dei boy scout, provando in erba, è proprio il caso di dire, un'esperienza di vita avventurosa, da poter allenare il loro spirito di adattamento, grazie anche al manuale delle giovani marmotte,
Per loro non sarebbe neppure così complicato costruire una lampadina ma poco ci manca.

> " C'è un duplice vantaggio nell'insegnare,
> perché, mentre si insegna, si impara."
> (Seneca)

Insegnare a gestire situazioni di pericolo, è prerogativa di chi già sia riuscito, per esperienza diretta o per apprendimento, nell'intento.

Il pericolo bisogna conoscerlo non per evitarlo ma per affrontarlo, con competenza e con coraggio, anche contro l'opinione corrente, intrisa di suggestione ed infantilismo, che ammette l'influsso malefico anche solo a ricordare la presenza.

Una scuola laica, senza un'identità marcatamente religiosa, è un'idea che oramai sfibra ogni concetto di equità. La superstizione, i tabù, riti propiziatori, bizzarri esorcismi e assurde credenze, da cui si fanno derivare delitti e castighi, non dovrebbero essere consentiti in un luogo come la scuola che, per potenziale culturale, deve prospettare un'altra visione del mondo e della sua creazione.

Così si insegna la supremazia della maggioranza che, poi, non è altro che quella del più forte, che va contro ogni idea di lotta al bullismo e di democrazia.

Imporre simboli per essere identificati e aver ragione sulle idee degli altri è come marcare il territorio in segno di possesso, pratica tollerabile solo nelle povere bestie.

L'insegnamento, purtroppo, come quello di religione cattolica, deve sottostare agli obblighi occupazionali, determinati ancora una volta dal fattore K.

Gli Istituti di Scienze Religiose, prettamente diocesani, sono assimilati, ormai, agli uffici di collocamento, con la possibilità di essere inseriti in una graduatoria, un'altra, ed in base al punteggio sperare di ottenere così un incarico per l'insegnamento, nelle scuole pubbliche, della Religione Cattolica.

La politica occupazionale keynesiana, come si può notare, costituisce un tormento solo per lo Stato che, a sua volta, non interviene a garantire ed a incentivare la stessa teoria presso gli altri settori privati dell'economia nazionale.

Tutti sanno di tutti ed è risaputo che molte scuole private si baserebbero sul volontariato, se non fosse che tutti questi volontari, sfruttati, ufficialmente risultano occupati, con tanto di obblighi contrattuali e stipendiali, sui quali sono costretti a pagarsi i contributi ed anche le tasse.

Questo è argomento da educazione civica, che sembra bell'apposta bandita dalle scuole d'Italia, per non incorrere in ulteriori reticenze e complicità, con l'aggravante di reiterata colpevolezza.

Non serve, perciò, qualche nozione di grammatica, le quattro operazioni aritmetiche o qualche parola in lingua straniera, per formare un individuo civilmente e civicamente preparato, da poter fare delle scelte da responsabile.

Nella enciclopedia Treccani ancora si può leggere, come una lapide, la definizione di Educazione civica," in passato, materia di insegnamento scolastico che aveva per oggetto lo studio degli aspetti della vita associata, ai varî livelli e nelle varie espressioni, e in partic. dell'organizzazione politica, delle istituzioni del diritto pubblico e privato e, soprattutto, della Costituzione della Repubblica Italiana."
Sarà pur vero, quindi, che di quello che fa paura bisogna non parlare neppure.

Tutto questo è successo già per il diavolo, il bandito Mammone, l'organizzazione criminale "La mano nera", nomi di guappi, associazioni di camorra e mafia, stato di malattia come cancro.

E' la stessa paura che anima per gli spiriti maligni, dei boschi e delle oscurità, dettata dalla superstizione e dall'ignoranza, per la qual cosa bisognava tacere l'esistenza per non restare contagiati o venir dichiarati, per semplice associazione, di questi affiliati.

Nel caso dell'educazione civica, tanta ostinazione e preclusione politica ha fatto venir meno un contatto importante con la memoria storica, rappresentata dagli avvenimenti determinati dall'ultima guerra mondiale, con la fine del fascismo, la lotta antifascista dei Partigiani e, infine, la promulgazione della Costituzione repubblicana.

Nelle scuole superiori, degli anni sessanta e settanta, a memoria di uomo, si è sempre lamentato che i programmi di storia non riuscissero mai a comprendere lo studio del periodo fascista, con lo scoppio della seconda guerra mondiale, la lotta partigiana, le stragi naziste, il referendum Monarchia – Repubblica, la Costituente e la Costituzione Italiana.

Un certo degrado culturale e civile non potrebbe sorprendere più di tanto, dal momento in cui viene negata la possibilità di identità nazionale e di solidarietà sociale, che avrebbero potuto aggiungere un tassello necessario per completare quel processo risorgimentale di unificazione tra Nord e Sud, che ancora lamenta uno spirito di nazione.

La scuola, nei suoi rappresentanti legali, come i Dirigenti Scolastici, non si è mai curata di quest'aspetto tanto importante nella sua attività di educare e formare, avendo la possibilità di ripristinare tramite l'autonomia, motu proprio, un insegnamento che è alla base della convivenza civile.

Una grande occasione persa per avviare qualsiasi discorso sullo stato di cittadino, sui diritti e doveri, sul rispetto degli altri, sul diritto alla parità, sul diritto al voto, diritto all'infanzia, all'istruzione, al gioco, al lavoro, all'assemblea, allo sciopero, libertà di culto, sulle responsabilità civili e penali, diritto dei malati, obbligo di fornire testimonianza, etc etc..

Anzi e per di più, al fine di esercitare un obbligo civile e morale, chiunque sia convocato in tribunale per una testimonianza, invece che essere invogliato, riconoscendogli la piena legittimità ad assentarsi dal posto di lavoro, è costretto a giustificarsi con un suo congedo personale, vale a dire o con permesso o con ferie.

Ma se questo costituisse tutta la paura si avrebbe l'obbligo di superarla, mettendo in atto, fin dalla tenera età, un buon rito di iniziazione e cercando di raggirare ogni tentativo di repressione con un linguaggio in codice o in gergo, come fanno i gruppi contro il dittatore di turno che vogliono mantenere in vita una giusta causa.

E' bene che si sappia che nel periodo più buio dell'umanità, quanti anni sono passati, animato da terribili spiriti maligni, erano necessari esorcismi e prove di coraggio di sovrumana resilienza, prima che si potesse invocare in aiuto e farsi forte dietro qualche corrispettivo taumaturgo.

Poi è stato tutto più naturale riuscendo perfino a colloquiare con gli spiriti del male, disposti a rinunciare anche qualcosa del loro terrore, che si faceva reverenziale con la paura iniziale.

Le informazioni, con i mezzi a nostra disposizione, dovrebbero portare ad un grado di conoscenza difficilmente suggestionabile o incerto, sotto le mentite spoglie della leggenda.
Eppure, senza un allenamento dello spirito critico, qualsiasi notizia o qualsiasi politico può plagiare le menti instabili degli sprovveduti, fino a ridurli in veri allocchi.

Occorrerebbe una palestra, in tutti i sensi, quella che i Greci chiamavano, tradotto in latino, " Gymnasium", dove i giovani si addestravano per le gare atletiche e si esercitavano "nudi" nei giochi sportivi.

Va da sé che i giochi e le competizioni venivano ritualizzate nelle celebrazioni di feste religiose, allo scopo di assicurare una certa continuità.

Tali manifestazioni risultavano vere e proprie esercitazioni da esibire come abilità utili, soprattutto, nei combattimenti, come la corsa, in piano e di resistenza, il lancio del giavellotto, il pugilato, la lotta libera, lancio del disco, corse dei carri e dei cavalli e hoplitodromos (corsa con le armi, scudo ed elmo).

E' evidente che questa pratica è risultata in disuso, per la qual cosa qualche politico che non ha mai avuto il piacere di esercitarla, l'ha ritenuta obsoleta, anche per non far risaltare la differenza con i suoi studi, volendo essere idiota fino in fondo, con un lessico italiota e barbaro, ritenendo opportuno eliminarne qualsiasi ricordo, incominciando dal nome, insieme agli studi classici, latino e greco.

Bisogna considerare che la fortuna dei sacerdoti, specie quelli egizi, era data dal loro studio delle stelle che, a loro volta, pure così tanto lontane, li facevano importanti e custodi di verità, con la capacità di presagire i fenomeni celesti come volontà divina, proprio come quelli più rozzi che, in altre parti, facevano divinazioni tra le viscere degli animali.

Questa particolarità dei sacerdoti egizi, come di altri basate su studi e calcoli matematici, provocava un magnetismo più ad effetto, in quanto ciò che anticipavano nelle loro previsioni poteva essere facilmente riscontrabile, come eventi eccezionali, a cielo aperto

Persino il Faraone, che faceva parte attiva di quel sistema sacro, pantheon, come divinità sostanziata in terra, un poco li temeva, quasi che questi potessero determinare un'influenza negativa sul suo destino di dio.
In questa capacità è sempre consistita la fortuna di ogni casta sacerdotale, ponendosi in un rapporto privilegiato con dio, la sola capace di decifrare i segni della volontà divina.

I Gesuiti, ad esempio, impegnati nell'istruzione e nella ricerca scientifica, hanno basato da sempre tutta la loro forza di persuasione, nell'opera di evangelizzazione delle genti, nel modo di compenetrarsi nei valori culturali e spirituali del popolo da convertire al Cristianesimo.

Alessandro Valignano, nel caso della Cina, convinse i suoi confratelli missionari a smettere le vesti di conquistatori ma ad imparare il più possibile la lingua dei cinesi, ad usare la matematica e l'astronomia come pretesto per fare conoscere la fede, ad adoperarsi in realizzazioni utili alla collettività per meritarsi la stima e credito culturale presso coloro che godevano di una posizione di elite..

Il film "Mission" tratta l'insediamento dei missionari gesuiti nella vicenda storica della tribù dei Guarani, in Paruguay, mentre si trovano contesi tra Spagna e Portogallo, per cambio di stato giuridico, in quanto la Spagna, cattolica, aveva abolito la schiavitù mentre il Portogallo consentiva legalmente il traffico di merce umana.

E' significativo come il primo approccio, tra i gesuiti e la tribù, avvenga tramite una musica melodiosa di un oboe, suonato da padre Gabriel.
Tutto ciò rappresenta in modo incisivo il metodo messo a punto, come norma, dell'idea di evangelizzazione dei missionari della Compagnia di Gesù, riuscendo a conquistare la fiducia di quella popolazione, insegnando loro a leggere e scrivere, a usare nuovi arnesi, a costruire capanne più solide, la chiesa, fino a immedesimarsi nelle loro vicende quotidiane e storiche.

La scuola, che come compito ha quello di trasmettere la cultura, dovrebbe adottare lo stesso metodo di conversione, avvicinandosi nel modo più naturale, senza paramenti e formule magiche, con un linguaggio schietto e spontaneo, a incominciare dai dialetti, lingua locale che più rispecchia la realtà, che danno l'immediatezza dei mutamenti circostanti e la capacità necessaria di adattamento.

Il linguaggio, quest'attitudine a comunicare, è proprio dell'uomo, considerato come animale sociale, sic! Aristotele, nel modo di trarre più vantaggi dalla relazione con altri.

Il linguaggio è, perciò, impregnante, in quanto lascia sempre qualcosa di suo mentre prende anche dell'altro.

Strada facendo, ognuno si arricchisce di accenti e di suoni, pigliando e cedendo, sulla scia di quella curiosità che è connaturata alla natura umana, che vuole domandarsi e fare domande, fin dalla tenera età, lo scopo della sua esistenza

..

I dialetti hanno perduto quella specificità che era propria locale, in uno scambio culturale necessario che nella sua spontaneità preservava le passate vicissitudini di un popolo e di sudditi.

La scuola per questo, come centro culturale, dovrebbe farsi depositaria di tutti i suoni e accenti dei vari linguaggi, di cui sia venuta a conoscenza, approfittando anche della presenza di alunni stranieri, al fine di uno scambio di alfabetizzazione, utile a mostrarsi meno conquistatori e conquistati, in una relazione alla pari.

Ragionando solo per scopi utilitaristici, potrebbe risultare molto remota l'occasione data dall'uso di una lingua di extracomunitari, immigrati, ma sarebbe un segno di squisita cortesia di cui potremmo andare fieri come girare il mondo in meno di 80 giorni, senza fare il minimo sforzo e subire il più piccolo disagio che si prova quando si è costretti a stare fuori della propria casa..

Lo studio delle lingue straniere è consigliato, certo, ma non deve rappresentare un linguaggio di sottomissione, politica ed economica, retaggio del vecchio colonialismo, nel momento in cui la lingua inglese, ad esempio, viene preferita, nell'uso, perfino dal Ministero della Pubblica Istruzione per le comunicazioni ufficiali a quanti sono, in effetti, di lingua madre italiana.

Il linguaggio preserva e trasmette valori e risorse che sono del territorio intorno, messo a disposizione di tutti al fine di poter soddisfare le esigenze più immediate, anche di superare le paure più inquietanti, dove servirsi di una sorgente d'acqua o come evitare un covo di serpi o un nido di api, riuscendo a percepire una unità di intenti e al primo sospetto l'allarme, fino a far suonare le campane.

Un linguaggio comune e particolareggiato di suoni onomatopeici, capace di esprimere, all'istante, il grado di pericolo o di meraviglia, senza troppi preamboli o idiomi rattoppati, capaci di creare solo equivoci e di non servire alla causa.

La parola serve, ad ogni modo ad esprimere uno stato di bisogno e a recepire il modo migliore per risolverlo, mettendo a disposizione degli altri il suo bagaglio culturale al fine di instaurare condizioni di pace, per lo scambio di idee e di merci, poiché a fare la guerra non c'è bisogno di tante chiacchiere.

Se pensi che l'istruzione sia costosa,
prova l'ignoranza.
(Anonimo)

La scuola, intesa come istituzione e apparato dello Stato, non sfugge ai precetti del moltiplicatore K, alle prese sempre di creare posti di lavoro, per uno, cento e diecimila.

A fronte di una popolazione scolastica di 8,4 milioni, studenti da 0 a 18 anni, (come da Internet – INDIRE anno scolastico 2019/2020) comprendenti tutti i livelli di istruzione nei vari gradi, sono impegnati circa un milione di docenti, tra quelli a tempo indeterminato e precari.

Un esercito, della salvezza, si potrebbe definire, per l'ampia possibilità di occupazione che permette nel suo impiego.

Va da sé che questo settore pubblico, come tutti i pubblici impieghi, rappresenta una riserva di entrate, certa ed esponenziale, anche per le casse dello Stato, che può essere sempre più che sicuro dove può attingere denaro, con tasse da riscuotere.

Il prelievo è automatico, d'altra parte, in quanto l'ufficio pagatore diventa, innanzitutto, il primo creditore da soddisfare.

Ma quante spese. Sono tanti i costi per tenere in piedi una struttura di tale portata, oltretutto caratterizzata da un lavoro prettamente del terziario, anche se è di quello più avanzato, specchio di un Paese moderno, con tanto di strumenti di emancipazione e di digitalizzazione. Proprio al passo coi tempi.

Proprio come ci sarebbe aspettati, in risposta ad una improvvisa trasformazione del contesto ambientale, come questa che si sta vivendo in piena pandemia.

Peccato che non ci sia stata un solo provvedimento o una sola comunicazione atti a mettere al riparo da una situazione di pericolo e a risolvere la paura che così all'improvviso assale.

In Italia, d'altra parte, non è neppure una novità che si risparmia sul pane e si sprecano soldi per le brioche.

Si è sempre restii a rinnovare i contratti di lavoro ma si è disposti a pagare anni e anni di indennità di vacanza contrattuale.
E quantunque si riesca nell'intento, sarà sempre per qualche centesimo di aumento, mentre si elargiscono a bizzeffe "bonus", che non è latino, sereni, nel senso di buono, ma è termine inglese nel significato di premio.

Il bonus è un altro aspetto inquietante che va contro il principio di uguaglianza, che è, invece, più a favore di una maggiore ridistribuzione della ricchezza.
Per il fatto, poi, che viene assegnato solo a pochi eletti, per lo più favoriti e senza evidenti requisiti di merito, in un sistema scolastico è particolarmente diseducativo, capace di generare grossi esempi di ingiustizia.

Si rivela assai maligno e mina l'unità dei lavoratori, nel modo di creare differenze retributive, aumentando la frustrazione e incidendo in modo negativo sull'impegno e sulla motivazione che un lavoratore mette nella propria professione.

In un tavolo da gioco potrebbe trovare valenza, sempre nella teoria di Pareto, facendo risultare che uno stia bene quando almeno un altro possa stare male.

La fortuna in questo caso è a favore di chi detiene il potere, in quanto poggia sulla guerra che si fanno i poveri tra loro.

Una Direzione Didattica, che mediamente conta milleduecento alunni, consta in organico di 1 Dirigente Scolastico, 1 direttore dei servizi, 5 assistenti amministrativi e 12 ausiliari e 90 docenti, tra scuola dell'infanzia e primaria.

E' evidente quanta forza determini potenzialmente e contrattualmente il personale docente, se si considera, per di più, che negli Istituti più grandi questi numeri aumentano in centesimi, per completezza del personale scolastico e decine di unità per i docenti.

Ma nella storia, soprattutto, recente del sindacato, specialmente dopo l'istituzione del bonus docente e del bonus d'Istituto, questa forza è sempre più risultata assopita, tranne che esplodere come un vulcano, appunto, per rivendicazioni di carattere retributivo e solo con motivazioni rigorosamente corporativistiche.

A mettere giustizia tra tutto il personale della scuola, tuttavia, dovrebbe arrivare il FIS, parte ora integrante del MOF, che risulta ancora per i più dei perfetti sconosciuti.

Il Fondo d'Istituto, confluito nel Miglioramento dell'Offerta Formativa, costituisce un fondo, istituito dall'articolo 40 del CCNL 2016/2018, per compensi accessori a tutto il personale di una scuola.

Il Contratto Collettivo Nazionale dei Lavoratori si fa in miniatura, in quanto il Contratto Collettivo Nazionale Integrativo, questa volta, tiene conto di alcune difficoltà operative, considerate da persona a persona e che sono oggettivamente del territorio locale.

In questo Fondo Unico, ideato per il miglioramento dell'offerta formativa, si possono reperire le risorse utili al fine di incentivare il personale della scuola a svolgere mansioni che esulano dall'ordinario e dal proprio orario di servizio.

Ora, non si provi nemmeno ad affannarsi e a districarsi, come ad annoiarsi, tra sigle e acronimi, che sono alla faccia della trasparenza e della chiarezza di linguaggio, proprio come presupposto di scopo finale della cultura, con l'obbligo di riuscire facilmente accessibile a tutti.

Una cosa più che evidente è che ogni carico di lavoro, aggiunto, non potrebbe essere espletato durante il proprio orario di servizio. Soprattutto perché il tempo non è divisibile all'infinito, come nel paradosso di Zenone, più famoso, di Achille e la tartaruga.

In uno stesso momento, è risaputo, o si fa una cosa o un'altra e, ancora, come dice un detto popolare, non è possibile servire, in uno stesso tempo, due padroni.

E' così, di fatto e con ragione.

Se un collaboratore scolastico è addetto principalmente alla sorveglianza, non può, allo stesso tempo, riparare la maniglia rotta della porta del bagno, per la qual cosa viene gratificato con un incentivo.

Va messo in conto che, mentre questi fa riparazione, i suoi colleghi, chiamati dal senso del dovere, sono impegnati in un maggiore sforzo, per riuscire a coprire anche la sua zona, risultata nel frattempo disimpegnata.

Queste forme di contentini, oltre ad accrescere i casi di ingiustizia, non aiutano certo la categoria a rimanere unita, nelle sue rivendicazioni più importanti, al fine di un riconoscimento professionale ed un miglioramento economico, come pure, se fosse necessario di ulteriore assunzione di personale.

La compattezza sindacale si definisce dalla potenza di esigere applicati tutti gli articoli di un contratto già stipulato e di stipulare dei nuovi anche più vantaggiosi.

Questo non sembra rappresentare il caso del personale della scuola che tende ad agire in compartimenti separati, a tenuta stagna, dove uno sembra sia obbligato, per discrezione o per omertà, a non intromettersi nei fatti degli altri.

Così internamente divisi, si capisce presto che i lavoratori della scuola hanno poche possibilità di riuscita. Figurarsi a pretendere aumenti stipendiali e nuove assunzioni.

Già l'accordo siglato l'8 marzo 2002, presso l'ARAN, ai sensi dell'art.18 del CCNL 15-3-2001 del comparto scuola, AIUTO, in attuazione di una storia che sembra infinita e di quanto previsto dall'art.3 dell'accordo 20 luglio 2000, accolto, sentite, con

Decreto 5-4-2001 ed in attesa, ancora, di una riformulazione dell'insieme dei profili dell'area del personale ATA, era previsto, fiuuuh, un nuovo specifico profilo amministrativo.

Il "Coordinatore amministrativo", questo è, viene concepito, infine, con compiti di responsabilità e di coordinamento tra le diverse aree, come anche di vicariato, da inquadrare nell'area C, prevista, udite udite, dal lontano CCNL 26-5-1999 della scuola.

La retribuzione economica che spetterebbe a questo nuovo profilo amministrativo seguirebbe quella già appartenuta alla qualifica, abolita, di "responsabile amministrativo".

La figura del Coordinatore Amministrativo dovrebbe coprire, quindi, il condizionale qui è d'obbligo, il ruolo del vecchio Segretario.
Anche qui verrebbe di scrivere una lettera, ad un profilo mai nato.

Intanto, la vita va avanti, con o senza il Coordinatore Amministrativo che lascia, senza manco essere assunto, un buco nell'organico della scuola.
Simile ad un buco nero attira, di fatto, tutti i profili professionali, che si fanno cadere dentro perdutamente, all'insegna dell'ambizione e della volontarietà se non, cosa assai più grave, della temerarietà.

Il vecchio Segretario, nel frattempo, è stato promosso, tramite un concorso interamente interno, insignito, ad honorem, del titolo di Direttore dei Servizi Generali e Amministrativi, anticipando per antonomasia la figura professionale specifica, per la quale viene richiesto il Diploma di Laurea in Economia e Commercio, in Giurisprudenza, in Scienze Politiche, Sociali o Amministrative, o equipollenti.

Il titolo di studio, ora richiesto, è molto più peculiare rispetto al Diploma di Ragioniere o Magistrale o di Maturità di scuola Superiore, appartenuto agli ex Segretari, facendo risaltare l'incongruenza con cui non si teneva conto della necessità di equiparare i profili intermedi ai nuovi titoli di studio richiesti per l'accesso.

Questo ha fatto sì che si venisse a creare una discrepanza tra le figure professionali intermedie, rimaste tutte al IV livello retributivo, pur essendo in possesso del titolo di studio previsto per il ruolo di Segretario, V Liv., che era passato sul campo al IX livello in qualità di Direttore dei Servizi.
Un macello, insomma.

Era stata generata una voragine, professionalmente parlando, tra il IV Liv. e quella che era di V Liv., che ora con il IX Liv. diventava la loro figura apicale, generando un clamoroso quanto vorticoso conflitto di competenze.

Tutta la contabilità, di pertinenza del Coordinatore Amministrativo, non potendo essere recepita tra le mansioni del Direttore dei servizi, non poteva essere svolta neanche dall'amministrativo, pur avendo gli stessi titoli del vecchio Segretario, perché rimasto ad un livello inferiore, cioè ancora con mansioni di impiegato d'ordine.

Sanno molto bene i più informati, come anche coloro che delineano le figure professionali in base alle differenze retributive, che gli impiegati d'ordine sono semplici esecutori delle disposizioni dei propri diretti superiori, interdetti alla libera iniziativa.

Quindi, per risparmiare sulla spesa, gli assistenti amministrativi restano impiegati d' ordine,   votati pur sempre alla libera iniziativa. che loro stessi, per orgoglio e spirito di contraddizione, mostrano immancabilmente volontà di assumersi.

Capita a volte, come è già capitato altre volte, allora, che un Direttore dei servizi, che è anche avvocato o commercialista, altro libero professionista, si rifiuti di ricoprire un ruolo con mansioni inferiori, riconoscendolo come quello di un altro, addetto specificatamente alla contabilità.

Per inciso, tutto l'equivoco è imputabile a quel fatidico anno 2000, quando tutti i vecchi Segretari, Responsabili Amministrativi e Coordinatori Amministrativi, addetti alla contabilità, per lo più semplice, sono stati elevati, tramite concorso riservato e speciale, alla figura professionale di Direttore dei servizi generali e amministrativi, senza prevedere un adeguato supporto professionale.

C'è da dire, per di più, che una volta superata l'euforia iniziale, per tanta gratifica professionale, i promossi del 2000 hanno perdurato a lavorare proprio come il giorno prima e come avevano sempre fatto.

Successe come fu nel Gattopardo, vale a dire cambiare tutto per non cambiare nulla.

Il cambiamento rivoluzionario del loro nuovo profilo professionale, da un giorno all'altro, non fu avvertito neppure dal loro Capo d'Istituto, né dai loro stessi vecchi colleghi con i quali, imperterriti, continuarono a lavorare.

Anzi, tutti ripresero, indisturbati, a lavorare nella medesima situazione di prima, come se nulla fosse cambiato, continuando a considerare quella smessa figura, imperturbabili, come "Segretario".

La cosa è andata avanti senza forti scossoni, un po' per continuità di inerzia e un po' per convenienza.

I Dirigenti Scolastici mostrarono di non gradire molto, anzi affatto, di riconsiderare in una nuova versione, quasi da comprimari, quanti fino a poco prima erano, praticamente, loro segretari personali.

Quegli altri, tranne qualche eccezione, della vecchia guardia, trovarono comodo mantenere lo statu quo, poco convinti di quell'investitura gratuita, preferendo subire ancora la soggezione che si ha a ricevere il comando.

Molti di questi, infatti, per rimediare e sentirsi più a proprio agio, sono stati costretti, dal buon senso, a frequentare una Università telematica, al fine di mettersi in regola, tramite una Laurea triennale, con l'incarico e con l'autorità che tenevano ad esercitare.

> L'abbondanza delle cose, anche se buone, fa che non
> siano pregiate, mentre la scarsezza, magari delle cattive,
> conferisce loro certo valore.
> (Miguel de Cervantes Saavedra Don Chisciotte della Mancia
> Vol. II - Pagina 544)

Don Chisciotte della Mancia, uscito fuori di testa, combatteva contro i mulini a vento, che vedeva grandi e minacciosi come giganti.

Nelle vesti di cavaliere di vecchio stampo, era impegnato a far rispettare il codice di cavalleria e, perciò, era chiamato ad affrontare ogni situazione di pericolo, sempre in difesa di qualche donzella, in rappresentanza dei più deboli, per la giustizia e per l'onore..

Sarebbe poco onorevole, invece, ammettere che è difficile districarsi tra sigle e acronimi come M.O.F., comprensivo del F.I.S., del P.T.O.F., dei progetti curriculari ed extracurriculari, P.O.N. e P.O.R., P.O.N. F.S.E. e F.E.S.R. e di tanti altri, così più ne metta chi più ne ha.

Tanta abbondanza fa proprio pensare che non sia pregiata, anzi, trattandosi di soldi, attira e assorbe tanta di quella energia e inventiva, da non lasciare più molto tempo alla didattica vera.

A voler tener conto del principio keynesiano, che rappresenta il fondamento dell'impiego pubblico, in tutte le sue articolazioni, la maggior parte di tutti questi investimenti non creano affatto posti di lavoro, ma solo un incremento a quanti della scuola che hanno già un reddito e qualche provento per prestazioni occasionali, derivato da qualche progetto, riservato a pochissimi fortunati, parenti, figli e figli degli amici.

Se si potesse eludere la legge sulla privacy, così stranamente e strenuamente difesa, per riuscire a riabilitare quella sulla trasparenza, si riuscirebbe ad avere una mappa completa dei soggetti coinvolti nelle prestazioni aggiuntive e dei loro rispettivi compensi.

A tale proposito, l'ARAN con la nota prot.n.0010189/2013, come da Euroedizioni.it., si pronuncia favorevolmente che si pubblichi la tabella con nominativi del personale con relativi compensi, in modo complessivo, per attività liquidate con Fondo di Istituto.

Ogni Istituzione scolastica è chiamata in prima fila a trasmettere i valori della legalità e della moralità, cercando di persuadere ad agire sempre alla luce del sole.

Questo comportamento, a dir poco, sospetto dovrebbe allertare circa la regolarità della assegnazione degli incarichi, quindi, sui derivati economici di questi, nel modo di non far capitare abusi e discriminazioni, con conseguenti penalizzazioni arbitrarie e ritorsioni di qualsiasi genere.

Tutto questo, senza fare ancora accenno ai fondi strutturali del FESR, erogati dalla Comunità Europea ma gestiti dai singoli Paesi membri, tramite i PON, Programmi Operativi Nazionali, ed i POR, Piani Operativi Regionali.

A conti fatti, a costo anche di annoiare, la somma delle risorse che viene assegnata alle scuole, come da art.40, comma 4 del CCNL scuola 2016-2018 e come riportato dal quotidiano della scuola, "La tecnica della scuola", è complessivamente di 800.860.000 euro, suddivisi tra i Fondi dell'istruzione scolastica; i fondi delle attività complementari di educazione fisica; gli staff di direzione dei Dirigenti, funzioni strumentali; incarichi specifici; aree a rischio, connesse alla dispersione scolastica; ore eccedenti per la sostituzione dei colleghi assenti; valorizzazione del merito dei docenti; comandati, secondo art.86 del CCNL scuola 2006/2009.

Una cascata di soldi, come si può notare, che investe, si fa per dire, solo i fortunati che vi capitino.
Capita anche questo, infatti, dal momento in cui non è raro che il fondo manchi di essere spalmato su tutto il personale, con le relative quote, mediamente, del 25% a favore degli ATA e del 75% dei docenti, che faccia palesare un coinvolgimento totale di tutti gli operatori.

Si evidenzia una concentrazione di ore a favore di una parte e a scapito dell'altra che difficilmente troverebbe argomentazioni valide.

In molti casi, c'è un divario di centinaia di Euro tra un dipendente e l'altro, della stessa categoria, con le stesse mansione e con il medesimo orario di lavoro, attribuibile soltanto all'arbitrarietà e alla discrezionalità di cui si arroga chi ha la facoltà di gestire il lavoro o di gestire i fondi, che sia un Dirigente, un DSGA o, peggio ancora, un componente della RSU.

Se fosse tutto lecito non si comprende per quale motivo mostrano tante difficoltà a pubblicare, come prevede la norma, l'elenco del personale con le ore di prestazioni retribuite tramite il Fondo, potendo difendersi da ogni accusa di errore di calcolo o, sempre ancora peggio, da ben altro indicibile sospetto.

Un incentivo serve soprattutto a spingere il lavoratore a fare di più e meglio, anche di sé stesso e degli altri. Una persona, anzi, che si prodighi con tanta abnegazione nel proprio lavoro meriterebbe un encomio ufficiale da prendere ad esempio, al posto di tanta ostinazione che lo vuole nell'anonimato..

Se, poi, si tenta di schermirsi dietro un diverso carico di responsabilità, alimentando quello che è già un pregiudizio, specialmente per il personale ATA, che ammette lavori di serie A e quelli di serie B, varrebbe di suggerire di avallarlo per contratto.

Si otterrebbe in questo modo un risparmio della spesa pubblica, tanto a cuore dello Stato, con una differenza di retribuzione tra le due mansioni, insieme a tutti i coinvolgimenti giuridici, retributivi, di carriera e di mobilità che ne potrebbero derivare da una specificità contrattuale,

Con questo sistema gli incentivi, consentendo grossi divari

retributivi in una stessa categoria di lavoratori, come anche tra diversi livelli di inquadramento, adulterano tutti i parametri posti su un tavolo di una contrattazione di lavoro, impostati con ogni sforzo e sacrificio, se si dovessero verificare scioperi ad oltranza, per veder migliorare le condizioni lavorative, sia sotto il profilo della retribuzione che dell'orario di lavoro, ai danni del tempo libero.

Lo stesso tempo libero che dovrebbe tornare utile per essere compensati di tutto quello impiegato per guadagnare così tanto, se non fosse dovuto alla velleità di emergere sugli altri, in diverso status sociale, nei ruoli apicali o in quelli Kapò, sorveglianti di altre vittime di un sistema di internati.

Va sottinteso che un lavoratore per avere quasi raddoppiati due o tre suoi stipendi, se non di più, deve rendere le sue prestazioni in un orario che va ben oltre le sue sei ore giornaliere.

In effetti, se si fa il conto delle ore di presenza nei vari compensi aggiuntivi, come lo straordinario e la partecipazione nei vari progetti, senza un attimo di riposo, questi campioni di presenzialismo sarebbero passibili, anzi, di licenziamento per scarso rendimento nelle proprie mansioni.

Se così fosse non basterebbero tutte le strutture di Igiene Mentale per un loro necessario ricovero sanitario, dovuto a collasso emotivo ed energetico, sindrome di burn out, a spese per giunta della collettività, aggiungendo al danno anche la beffa.

Questi privilegi, chiaramente, con il sistema contributivo si riflettono anche nel calcolo della pensione e del trattamento di fine rapporto, liquidazione, nel modo che la relativa percentuale versata sul totale percepito, al lordo dello Stato e del dipendente, riesce ad essere considerevolmente consistente.

Secondo la rivista scolastica "Tecnica della scuola", se si considera che il personale della scuola risulta essere compreso in quasi 800.000 operatori, abolendo i fondi per il miglioramento dell'offerta formativa,compensi aggiuntivi espletati durante l'orario di servizio, quegli 800 milioni potrebbero risultare una 14.esima di 1000 euro per ogni dipendente della scuola.

Da considerare che il famigerato bonus premiale è stato, finalmente, contestato e sottratto alla totale discrezionalità del DS, per la qual cosa il fondo di cui al comma 126 della legge 107, spogliato di quel vincolo assurdo che lo voleva riservato ai docenti d'Istituto più meritevoli, è confluito anch'esso nel MOF e può essere argomento di contrattazione integrativa di istituto, a beneficio, quindi, anche del personale ATA e del personale docente precario.

Tutto questo va, decisamente, a discapito dei rinnovi contrattuali, per gli aumenti stipendiali, soprattutto, dal momento in cui i sindacati, per negligenza o per scopi improbi, non trovano compattezza e determinazione sufficiente da opporre alla controparte, su un tavolo di trattative.
E quando riesce è solo per elemosinare quattro centesimi, quanto basta per risultare pari con quello che si è percepito con l'indennità di vacanza contrattuale.

E' innegabile, d'altra parte, che tutto quanto è stato favorito e avallato dagli stessi sindacati, che non hanno avuto la perspicacia o, forse, il coraggio per considerare fino in fondo dove si potesse andare a parare con un flusso di denaro dato così a casaccio.

E non bastano neppure i contributi volontari, fatti passare come tasse scolastiche, che si chiedono alle famiglie, rappresentando in molti casi anche il doppio di quello che lo Stato stanzia con il MOF.

Le risorse economiche sarebbero molto ben diverse, se sfruttate al meglio, capaci di aumentare l'occupazione insieme ai consumi, due aspetti economici che non vanno d'accordo con la concentrazione del danaro, intesa come accumulo.

Così la scuola, depositaria di cultura, impegnata su diversi fronti per insegnare l'uguaglianza e la libertà, diviene essa stessa un intero campo di battaglia, per una guerra tra poveri.

La sua fatua aspirazione imprenditoriale è irrimediabilmente senza capitani.

I Dirigenti sono per lo più improvvisati, mandati come principianti allo sbaraglio, dei rinnegati, per di più, nei confronti di tutto quanto hanno insegnato e che hanno amato, in cui più non riconoscono o che, peggio, sembrano aver rimosso da ogni loro incoscio.

Stagnati nel loro ruolo di Rappresentanti Legali, hanno poco di che poter andare fieri, dal momento in cui ogni strategia per il miglioramento dell'offerta formativa segue il medesimo sforzo di uniformarsi agli standard di figure professionali circoscritte all'ambito del personale della scuola, per le quali devono attenersi rigorosamente a quel budget, per usare un termine anglo-americano.

In questo modo ogni scuola sceglie un unico modello possibile, culturalmente accettato e consolidato, senza possibilità di soluzioni innovative o metodi alternativi, adottando quello che in economia si definisce "cartello".

Un cartello, secondo Wikipedia,… è un accordo tra più produttori indipendenti di un bene o un servizio (anche illegali, come un cartello della droga) per porre in essere delle misure che tendono a limitare la concorrenza sul proprio mercato, impegnandosi a fissarne alcuni parametri quali le condizioni di vendita, il livello dei prezzi, l'entità della produzione, le zone di distribuzione, ecc.

Sono gli stessi parametri che segue ogni scuola statale, dove una viene preferita non perché possa risultare migliore ma solo per vicinanza alla propria dimora o per comodità, se questa si rende nella disponibilità di un parente o lungo la strada, da casa al lavoro.

Il livello dei prezzi lo rileva, inoltre, il costo dei libri di testo, imposto da una scuola dell'obbligo, ipocritamente gratuita, che le impedisce di essere garantita dalla sua Costituzione.

Come fonte del sapere, questa dovrebbe sottrarsi alla macchina del consumismo, determinando i punti fermi dell'insegnamento, che non siano suscettibili, quasi ogni anno, soggetti ad essere aggiornati, con libri di testo di una nuova edizione, cambiando dell'argomento soltanto il numero di pagina,

Niente di più e niente di meno, quando basterebbe poco per differenziarsi, mettendo già più cura nella tutela e valorizzazione della propria immagine aziendale, in occasione, ad esempio, del rilascio dei Diplomi.

Questi dovrebbero godere dello stesso trattamento riservato ai biglietti da visita, capaci di sintetizzare tutte le qualità che si richiedono a chi si offre per specifiche attività.

Nessuno si fiderebbe mai di un latore di un biglietto da visita sgualcito, unto ed illeggibile, come risultano, spesso, certi Diplomi di Licenza, dati da compilare più per acredine al primo che capita, anche con grafia a zampe di gallina. Ci sono i brutti risultati proprio della scuola quando questi Diplomi sono messi in mostra o che non si possono mettere a vista perché troppo indecenti per poter essere esposti.

Un'azienda, che pretende massimo rispetto, spende fior di quattrini per acquisire un'immagine impeccabile.

La scuola, in autonomia, al contrario, con tanto di Dirigenti, capitani di industria, di staff di Direzione, DSGA, funzioni strumentali, che insieme garantiscono la migliore offerta formativa, in tante ore eccedenti, con il corpo docenti ed il personale ATA, non riesce a racimolare e mettere da parte neanche qualche spicciolo, da quella miniera che è il Fondo.

Si potrebbe riservare un compenso incentivante a chi, anche fuori della scuola, potrebbe occuparsi della cura dell'immagine, come è preteso anche, si sa molto bene, nella realizzazione di un progetto, con una buona disseminazione. Basterebbe far compilare in bello stile, con le tecniche che sono proprio della pubblicità, gli attestati di esito finale, mettendo cura anche nel sapere, una volta per tutte, se, per norma, devono essere scritti in stampatello oppure in corsivo..

Non è la letteratura né il vasto sapere che fa l'uomo
ma la sua educazione alla vita reale.

(Gandhi)

Bisogna diffidare di quanti accolgano in un ambiente di lavoro, credendo di ammansire la loro paura e l'estraneo, esordendo: "Qui siamo come una famiglia".

Non c'è comunità peggiore di un luogo di lavoro e di una famiglia, dove ci sono interessi e circolano tanti soldi, che non possono essere spiegati con lo sforzo derivato da un proprio lavoro.

E poi ci sono frasi tremende che la dicono lunga sui parenti.

La scuola deve smettere di prestarsi a ulteriori progetti occupazionali, soprattutto andare in affanno dietro a quegli altri che procurano ricchezza.

Una ricchezza soprattutto quando è ambigua, che va oltre il minimo del fabbisogno per la propria e altrui sussistenza, è segno di avidità e mal sopportata, generando puntuali motivi di divergenze, con l'insinuazione del sospetto che quel bene possa essere stato tolto ad uno che ne avesse bisogno per avvantaggiare un altro.

Per essere credibile, deve dare esempio di virtù e di valori, espressi da un grado di formazione nel suoi frequentatori, disposti ad impegnarsi nei loro doveri e a salvaguardare i loro diritti, fino a difenderli ad oltranza, con i mezzi che la società civile consente.

Potrà pretendere il meglio anche da un volontariato generoso, capace di apportare il suo contributo in base ad una propria particolare esperienza, di mestiere, di professionalità, di arte, di teatro, di sport, di cinema, di musica, di spettacolo e quanti più possano partecipare, per suscitare curiosità ed interesse e mantenere viva la memoria collettiva.

La cosa più importante è che non si perda la memoria dei

processi di lavorazione, delle esperienze appena trascorse dall'uomo, di pescatori, cacciatori e agricoltori.

Seppure non le avesse nel suo archivio di parola scritta e orale, non avrebbe difficoltà a farsi raccontare i fatti da testimoni oculari, ancora appesi ad un filo di ricordo, capaci di comprovare la realtà quotidiana e che quanto si impari non sia del tutto inutile.

Senza nulla togliere o aggiungere, per carità, ai tanti progetti, che già circolano da risultare intasati di idee e di messa in scena, i bambini, già dalla tenera età, potrebbero rimanere incantati di fronte all'evento, oramai, della narrazione.

A prova della sua autonomia, una scuola, con un coinvolgimento più ampio di tutta la collettività, si dovrebbe inventare sempre qualche evento speciale per risultare competitiva rispetto alle altre, capace di attirare grandi e piccini a sedere tra i banchi e anche a passeggiare, senza limiti d'orario, per non essere una scuola per i patetici ma peripatetica.

La presenza dal vivo di una testimonianza artistica o sociale o economica, di professionisti o di occasionali praticanti, in rappresentanza di tutte le categorie di lavoranti e di hobbisti, può portare un ragazzo a coltivare un sogno per quello che vorrà fare in futuro.

Ci potrebbero essere un via vai di genti che potrebbero rompere la monotonia dell'orario scolastico, organizzato come un palinsesto di un programma televisivo.

E poi non è di poco conto una lezione pratica tenuta da un pompiere sull'evacuazione, in caso di pericolo, o da un dottore in caso di ferite o, tanto più, di rischio di soffocamento o di annegamento.

Un buon ammaestramento serve soprattutto a imparare a

mantenersi in vita, a conoscere i suoi simili, animali e piante, nel rispetto dell'ambiente circostante, con le sue risorse, i suoi pericoli, le paure, le false credenze e, persino, gli spiriti maligni della superstizione e dei pregiudizi, eludendo le domande sulla nascita e allontanando il mistero della morte

Deve affidarsi all'educazione civica, perciò, questa materia che come fantasma ogni tanto ritorna e sembra terrorizzare con vecchie catene i palazzi del potere, ostinati a non liberarsi degli scheletri nell'armadio, tenendo ben strette le chiavi delle segrete e dei suoi misteri.

Eppure è quella che tra tante discipline di insegnamento forma il cittadino ad ampio raggio in situazioni, reali e quotidiane, di vita vissuta.

I rapporti con gli altri, in una intesa oggettiva di intenti di uguaglianza e giustizia, devono favorire il bene comune. basato su norme di rispetto reciproco e di convivenza pacifica, garanzia di diritti e doveri, di accoglienza e di solidarietà.

Una lezione di civiltà, ad ogni modo, che li porti a riconsiderare i vari mestieri e arti senza discriminazione e pregiudizi, che meritano il massimo rispetto e che devono essere facilitati e non aggravati nel loro lavoro.

Ogni riferimento è puramente casuale anche se questa volta è mirato a mettere all'indice molti docenti, di ogni ordine e grado, che consentono ai propri alunni di stare nelle aule come in un porcile.
Non sanno educare alla pulizia e sentenziano, addirittura che è diseducativo per un alunno assistere alle pulizie a cui sono costretti i collaboratori.

La politica sembra essere quell'altra cosa di cui, se non se ne può parlare, è meglio tacere.

Per esercitare il diritto di voto bisogna essere informati per conoscere quale lato della bilancia va provvisto per avere un giusto equilibrio.

Una buona cognizione di causa riducono con buona probabilità effetti indesiderati

Senza un metodo di critica, acquisito tramite l'esercizio, sarà difficile non farsi trovare di sorpresa e impreparati, come i Proci al ritorno dell'astuto Ulisse, sotto mentite spoglie.

Una valida conoscenza, anche se non può comprendere tutto lo scibile umano che metta al riparo da ogni possibile errore, di certo può dare la dritta giusta per sapere dove andare a prendere le informazioni necessarie.

Tutte le scuole, per la verità, non sono attrezzate per lo scopo prefissato della formazione, quanto piuttosto a quello di area da parcheggio, come luogo di attesa per tanti giovani, fino all'età minima che dà liberatoria al lavoro.

Bisognerebbe invertire le occasioni, nel senso che se la famiglia offre più stimoli rispetto alla scuola, allora si deve fare in modo che si rechi la famiglia a scuola, o rendere la scuola come una famiglia, con più spazi da frequentare, fuori dai tediosi banchi, con una mensa, biblioteca, palestra, aule computer, laboratori di vario genere.

Ad una prima prevedibile obiezione, data dalla difficoltà di reperire altri fondi per un programma così ambizioso, si potrebbe accarezzare il sogno di responsabilità, intravvedendo, come in una visione, la scena in cui ogni operatore della scuola possa rinunciare a quei mille euro di quattordicesima, che già non ha, per favorire un programma di istruzione a lungo termine.

Facendo fede al nostro punto di partenza, il lavoro è il motore che muove il mondo, nel senso sia fisico che etico, nel modo di dare un valore al tempo, dall'inizio alla fine di un proprio lavoro, fino a tirare le somme, per poter determinare anche quanta preziosità possa acquisire la vita di un uomo.

Tanti giovani sono stati generosi in passato, con lo stesso spirito che ad una certa età, oggi, potrebbero essere capaci di mettersi al servizio della società, di qualche associazione benefica, disponibili ancora a dare una mano per nobili intenti.

Scuole aperte potrebbero intendersi anche in tal senso, con la formazione di gruppi di studio, seguiti da professionisti volontari, pensionati, da quanti vogliano tenersi occupati nella loro giornata libera.

Tutti coinvolti a titolo gratuito, per un programma di recupero, attività ricreative, uno studio particolare ed extra scolastico, come gli scacchi, ad esempio, la lettura, la recitazione, il canto, la ceramica e tante passioni che così potrebbero essere generate o risvegliate.

Potrebbe risultare utile il confronto della lezione impartita a trenta studenti e quella ripartita solo ad una decina.

E poi non è per risparmio di soldi che si stipano gli alunni come in un pollaio, dal momento in cui, al pomeriggio, le scuole sono invase da centinaia di questi prescelti, organizzati per necessità in piccoli gruppi, necessari a raggiungere un numero minimo, al fine di ottenere l'approvazione di un progetto, con aumento di spese di gestione, consumo di materiale didattico e compensi aggiuntivi.

Bisogna pigliare a prestito quanto afferma Italo Calvino, specialmente in questo momento politico, avvertendo che la rovina della scuola non è per mancanza di risorse economiche o per costi smisurati. Se uno Stato smantella l'istruzione è perché è già governato da quanti dalla trasmissione del sapere hanno solo da perdere.

L'insegnamento così frazionato, discontinuo e prettamente nozionistico, sia che riguardi la partecipazione ad un piccolo coro sia un florilegio di praticanti di scacchi, come l'approccio ad un ipotetico sport o l'intenzione di apprendere una seconda e terza lingua straniera, non rispetta alcun principio costituzionale, pedagogico e culturale.

Tali passatempi, perciò, risultano oltremodo inutili quanto costosi, senza un metodo valido di insegnamento come di apprendimento, così che possano servire a meritare un posto nel metodo della conoscenza.

Umberto Eco, pure lui, ha ricordato come il progetto Erasmus sia solo una perdita di tempo, ritenendolo, più che una occasione culturale, una opportunità di incontri, che spesso danno luogo a esperienze che vanno ben oltre lo studio. Il frutto dell'amore, per restare nelle premesse, sarà ad ogni modo una combinazione di due lingue diverse e, perciò, il bambino che nascerà, per forza di cose, certamente praticherà il progetto del bilinguismo.

Abbi cura di lasciare i tuoi figli ben istruiti piuttosto
che ricchi, perché le speranze degli istruiti sono migliori
del benessere degli ignoranti.

(Epitteto)

Bisogna prendere ad esempio padre Gabriel con il suo oboe,
che rompe il silenzio dato da due lingue diverse, due culture a
prima vista imperscrutabili.

I giovani devono essere scossi dal sonno dello spirito fino ad
essere stimolati e mantenere viva la curiosità, quella stessa che li
fa accaniti a conoscere dove conduce il fondo di un foro
intravista in una maglia.

Ma a parte ogni altra considerazione, la scuola è, forse, il
posto di lavoro dove i suoi componenti risultano in possesso
della media più alta del grado di istruzione, ricordando, a questo
proposito, che per fare il collaboratore scolastico si richiede,
come titolo di accesso, la qualifica professionale.

Sono questi gli stessi che formano il personale della scuola di
domani, o comunque danno una buona mano, ad eccezione
sempre degli assenti. Azzardarsi, invece, a voler misurare un
livello di cultura, media, sarebbe come voler scalare la montagna
sacra, come nel film di Jodorowsky.

L'interdisciplinarietà, per di più, non è proprio compresa tra gli
obiettivi del corpo docenti, che si contendono le ore di
insegnamento a suon di campanella, indispettiti se non si lascia
l'aula in tempo statuito, come scippati di qualche loro minuto
prezioso.

Non c'è verso di mettere la pace tra le materie, specie se le più
vicine ed attinenti alle proprie sono quelle che insegna il collega,
o la collega, con cui si ha sempre un motivo di acredine e quasi
sempre non ci si può avere a che fare, per grave incompatibilità
di carattere.

Gli insegnanti come divinità nel Pantheon assumono caratteristiche antropomorfiche in base ai vizi e le virtù che la loro materia di insegnamento accentua.

Tra i vizi non possono certo mancare, con l'età, quelli più deleteri che denotano una frustrazione di fondo e assuefazione, nell'esercizio della loro professione, trasmettendo un totale disinteresse, con la convinzione di averne diritto, vista l'anzianità di servizio.

Sono quelli che scateneranno guerre come gli antichi dei, per proteggere i propri favoriti, mentre non vorranno risparmiare quelli degli altri, che diverranno pedoni come in un gioco di scacchi..

Quella collaborazione che ognuno si aspetterebbe, da persone di cultura, per prospettare ai propri alunni un destino migliore, diventa motivo di contesa, da cui far venir fuori un proprio riscatto, per affermare, come guitti, una loro storia personale.

Capita, così, che le antipatie, le più inspiegabili, regnino sovrane, accanendosi contro il malcapitato, lasciato tra i flutti dell'ignoranza, perduto nelle lezioni, affogato nelle interrogazioni, sballottato tra uno scoglio e l'altro di un abbandono, come in una Odissea, sballottati tra Scilla e Cariddi.

Giove, Iuppiter in persona, in qualità di Dirigente Scolastico, con i suoi pieni poteri rilasciati dalla autonomia su carta bianca, neppure sembra rendersi conto e riuscire a mettere ordine, tra quelle irragionevoli contese, pensando soprattutto a difendere il suo guscio di Capo, che lo pone al di sopra delle parti.

Nella sua posizione, davvero, ha poco di che millantarsi, come burocrate sempre sotto dettatura da parte di qualcuno, stretto com'è nelle maglie del funzionario pubblico.
Tanta investitura di rappresentante legale lo induce ad essere sospettoso e diffidente, soprattutto verso quanti gli potrebbero rimproverare il suo mutamento di ruolo, che lo portano

catapultato dall'altra parte della barricata.

La tanto agognata autonomia si rivela una trappola, con tanto di norme, codici e postille, poiché richiede sempre di risultare inquadrata in un programma ministeriale, una nota di spesa annuale che se per legge è di propria pertinenza per comodità si delega sempre ad altri.

C'è un'infinità di possibilità, per questi, di correre il rischio di essere facilmente messi in difficoltà, anche dalla propria ombra, che si allunga, spaventosa, tramite i rappresentanti delle RSU, i componenti del Consiglio di Istituto, della Giunta Esecutiva, del Collegio dei Docenti, dei Revisori dei Conti, dello Staff di Direzione, delle Funzioni strumentali e quanto altro.

Bisogna essere, senza retorica, fragili come la punta di diamante e umili come i fraticelli francescani, per crearsi intorno la stima necessaria per seguitare nella rotta imboccata senza rumoreggi di ciurma o per scalare una montagna con la collaborazione di una autentica cordata.

La gestione dell'istituzione scolastica deve avere un'impronta davvero collegiale, fissando obiettivi comuni per coinvolgere con ragion di veduta tutti i vari organismi scolastici, che la legge prevede.

Gli Organi Collegiali, i Rappresentanti sindacali unitari, il Collegio dei Docenti, devono essere messi nella condizione di essere pienamente consapevoli dei meccanismi dei finanziamenti, per sapere in dettaglio dei soldi che riceve una scuola e come questi vengono spesi.

Devono pretendere un corso di formazione sul MOF, o PTOF, finanziamenti con vincolo e senza vincolo, contributi volontari di Enti locali, Regione e delle famiglie, anche di lasciti. Perché no?! Si renderebbero conto in questo modo e per quale ragione mancano i soldi per la carta igienica..

Per questo occorre sfatare il divieto sacrale di cui gode la contabilità, come la stanza inviolabile del Sancta Sanctorum.

E' bene che si renda pubblico, in piena trasparenza, l'elenco di tutti coloro che hanno percepito un compenso, per quale mansione e per quante ore, al fine di fugare ogni dubbio di favoritismi se non, addirittura, di nepotismi, tesi ad affermare un proprio dominio, di condizionamenti e di ricatti.

Il peggio può capitare solo quando un Dirigente Scolastico è la persona più ignara e non ha alcun controllo dell'amministrazione, potendo figurare meno di un factotum del suo responsabile, vero e proprio, che diviene il punto di riferimento di tutti i lavoranti, votato ai metodi del caporalato.

Già di per sé un Dirigente scolastico è mortificato nella sua personalità giuridica, nel momento in cui è stato privato della facoltà di inviare o meno, com'era a sua discrezione, la visita fiscale ai "propri" dipendenti.

Questa interdizione, che sembra più una beffa, attuata nei confronti della classe Dirigente, la limita nell'esercizio dei suoi poteri giurisdizionali, togliendo la possibilità di entrare nel merito di chi possa essere soggetto e chi, invece, no a controllo di visita fiscale, avendo modo di premiare il dipendente che risulti meno assenteista.

Ad ogni modo, il compito viene affidato all'Istituto di previdenza nazionale, INPS, che diventa, automaticamente e d'ufficio, organo di controllo, pur non figurando parte in causa, economicamente e giuridicamente, in uno specifico stato di malattia di un dipendente pubblico.

Parecchi Dirigenti scolastici vivono quel disagio e depressione che, per quelli che come loro amano l'insegnamento, rappresentano una pena fine mai.
Sarebbe necessario, in alcuni casi, il servizio di supporto psicologico, per la delusione patita, come chi ha provato il bene e l'ha perduto.

Ma gli psicologi, come per anatema, sembrano essere interdetti dal mondo della scuola, proprio perché vittime e figli di questo stesso, tanto è che si rivela essere molto superficiale e insufficiente nel realizzare l'inclusione di alunni speciali.

Da tanta incongruenza, si salvano soltanto, forse, coloro che seguono il famoso detto: chi non sa insegna e chi non sa insegnare fa il Dirigente.

Per il resto, la maggior parte di altre categorie di lavoratori della scuola non hanno di questi problemi, intendendo un lavoro, il loro, che, al contrario, può dirsi adeguato per quello che hanno studiato.

Altri possono sentirsi appagati per quanto sappiano ritenersi fortunati, perché fanno un lavoro che, anche se non è il massimo delle loro aspirazioni, riesce ad ogni modo a provvedere, con un certo decoro, per sé e la propria famiglia.

Poi, ci sono quelli del reparto speciale, gli amministrativi, assistenti del DSGA, che godono del loro ruolo altezzosamente, con quel distacco emotivo che li pone, spesso, come realtà a sé stante, al di sopra di tutti gli altri del personale della scuola, docente e ATA.

Appaiono, nel vero senso della parola, come figure leggendarie, che solo di tanto in tanto si ritrovano in organico, con il resto del personale. Si concretizzano in carne e ossa solo in occasione di prendere un caffè o di qualche buffet.

Per quel mistero di alone che li avvolge, neppure gli scienziati alla NASA si compiacciono per tanta reverenza.
Eppure, c'è chi in quella stanza già c'è stato, assicurando che se ne può uscire indenne e tale e quale.
Neppure in uno stato confusionale di Dante, che dall'inferno ripeteva frasi senza senso: Pape Satàn, Pape Satàn Aleppe.

Che poi a far quadrare un bilancio, con le quattro operazioni fondamentali della matematica, le nostre mamme, in tempi andati e senza manco tanti soldi, erano straordinarie.

Figurarsi quanta bravura si può riconoscere a delle collaboratrici che devono solo rispettare quanto è ordinato nella lista della spesa.

Svolgevano molto meglio il loro compito, rischiando anche molto di più, i Kapò, nei campi di concentramento, capaci di alleggerire o di aggravare, per un pezzo di pane in più, le pene ai reclusi, che erano costretti a sorvegliare come cani.

E poi, non è elevandosi sulle miserie degli altri che si può diventare migliori

Questo è tutto quanto accade in quella che in molte scuole diviene la stanza dei segreti. La stanza è aggravata, oltretutto, da una diceria che vuole che si pratichi l' alchimia, dove si avverte finanche la pietra filosofale, l'amuleto capace di trasformare in oro gli oggetti di metallo e generare, volendo, anche l'elisir di lunga vita.

Con questi presupposti non fa meraviglia che il maneggio di danaro possa far credere di poter acquistare anche la saggezza e la salvezza dell'anima.
Da qui deriva la leggenda, secondo la quale molti sono portati a credere che siano loro i padroni, anzi con proprietà e licenza, addirittura, di coniare moneta.

In tutto questo chi ha la peggio è l'onesto che, pur occupando una carica importante, non sa rubare, finendo per essere poco creduto o un fesso, addirittura.
Per di più vene isolato, come se potesse contagiare oppure in forte sospetto di essere un infiltrato, mandato a scoprire quanto venga rubato.

Bisogna, perciò, che gli insegnanti tornino al loro nobile lavoro

e la scuola torni agli alunni, in quella fiducia reciproca che l'uno
non può temere nulla dall'altro, chiamati all'istruzione e alla
formazione del cittadino per come possa migliorare la società e
non per come questa lo vorrebbe.

Insegnare, come suggerisce Daniel Pennac, deve consistere che
ad ogni lezione si apra un nuovo orizzonte.

Stefano Giacomo Iavazzo